普通高等职业教育"十三五"规划教材

商 务 礼 仪

主　编　孙福财　初　明
副主编　程宁宁　田　川　张茜琳
　　　　石志堃　秦誉铭

北京邮电大学出版社
www.buptpress.com

内 容 简 介

本书主要介绍了国际商务交往中不同国家的风俗礼仪和文化差异以及商务人员在社会交往活动中应掌握的礼仪规范，从商务人员形象设计、语言礼仪、交际礼仪、餐饮礼仪、办公礼仪和商务活动礼仪几个方面详细讲述商务礼仪的禁忌及要求，可帮助读者全面了解商务礼仪的各个环节，提升企业形象与个人形象。同时，在本书的章节中，新增了"引导案例"及课后"小阅读"等新的内容，更便于读者学习掌握。

图书在版编目（CIP）数据

商务礼仪／孙福财，初明主编． -- 北京：北京邮电大学出版社，2017.8（2020.12重印）
ISBN 978-7-5635-5153-8

Ⅰ.①商… Ⅱ.①孙…②初… Ⅲ.①商务—礼仪 Ⅳ.①F718

中国版本图书馆 CIP 数据核字（2017）第 173615 号

书　　　　名：	商务礼仪
著作责任者：	孙福财　初　明　主编
责 任 编 辑：	满志文　穆晓寒
出 版 发 行：	北京邮电大学出版社
社　　　　址：	北京市海淀区西土城路 10 号（邮编：100876）
发 　行　 部：	电话：010-62282185　传真：010-62283578
E-mail：	publish@bupt.edu.cn
经　　　　销：	各地新华书店
印　　　　刷：	北京九州迅驰传媒文化有限公司
开　　　　本：	787 mm×1 092 mm　1/16
印　　　　张：	11.25
字　　　　数：	267 千字
版　　　　次：	2017 年 8 月第 1 版　2020 年 12 月第 4 次印刷

ISBN 978-7-5635-5153-8　　　　　　　　　　　　　　　　　　　　定价：28.80 元

·如有印装质量问题，请与北京邮电大学出版社发行部联系·

前 言

我国是世界文明古国之一，富有优良的文明礼貌传统，几千年光辉灿烂的文化，培养了中华民族高尚的道德，也形成了一整套完善的礼仪。我国历史第一位礼仪专家孔子就认为礼仪是一个人"修身养性持家立业治国平天下"的基础。礼仪是一个人外在美与内在美的有机结合，是一个民族进步的标志，也是一个公民思想道德文化素质的标志。在社会生活中，人们常常把礼仪看作是一个民族精神面貌和凝聚力的体现，把文明礼貌程度作为衡量一个国家和民族是否发达的标志之一；对个人而言，则是衡量道德水准和有无教养的尺度。一个人以其高雅的仪表风度、完善的语言艺术、良好的个人形象，展示自己的气质修养，赢得尊重，是自己生活和事业成功的基础。礼仪是普通人修身养性、持家立业的基础，是一个领导者治理好国家、管理好公司或企业的基础。

荀子云："不学礼无以立，人无礼则不生，事无礼则不成，国无礼则不宁。"礼仪，是中华传统美德宝库中的一颗璀璨明珠，是中国古代文化的精髓。身居礼仪之邦，应为礼仪之民。商务礼仪教育不仅是素质教育的必需，而且也是社会文明进步的强烈要求。因此学好现代商务礼仪，适应现代信息社会的需要，是为顺利走向市场、立足市场奠定坚实的基础。商务礼仪是一门较强的行为科学，现代社会对商务礼仪的要求越来越广泛，商务礼仪的规范化也越来越受到人们的重视，各行各业的从业人员对商务礼仪知识的需求也越来越迫切。

商务礼仪本身具有很强的凝聚情感的作用。商务礼仪的重要功能是对人际的调解。如果人们都能够自觉主动地遵守商务礼仪规范，按照商务礼仪规范约束自己，就容易在人际间建立起相互尊重、彼此信任、友好合作的关系，进而有利于各种事业的发展。礼仪与智慧和学识同等重要，无"礼"寸步难行，有"礼"走遍天下！

本书吸收了商务礼仪最新的理论知识和实践研究结果，是作者在参考了大量资料的基础上，结合近年来最新的商务礼仪课程理论研究成果，编订的一本适合高等学校、高职院校、中职以及技校各专业学生学习的礼仪教材。

本书共分7章，介绍了国际商务交往中不同国家的风俗礼仪和文化差异以及商务人员在社会交往活动中应掌握的礼仪规范，从商务人员形象设计、语言礼仪、交际礼仪、餐饮礼仪、办公礼仪和商务活动礼仪几个方面详细讲述商务礼仪的禁忌及要求，可帮助读者全面了解商务礼仪的各个环节，提升企业形象与个人形象。让商务人员在今后的商务活动中，合乎礼仪地与人交往，并通过良好的个人交往为商务活动创造发展的契机。

本书由大连汽车职业技术学院孙福财、初明担任主编，由程宁宁、田川、张茜琳、石志堃、秦誉铭担任副主编。本书编写的具体分工为：第1章由初明编写，第2章由石志堃编写，第3章由秦誉铭编写，第4章由田川编写，第6章由张茜琳编写，第5章和第7章由程宁宁编写。

由于作者水平所限，书中如有疏漏和不当之处，敬请各级专家、学者和广大读者批评指正。

作　者

目 录

第1章 商务礼仪认知 ·········· 1
1.1 礼仪的概述 ·········· 1
1.2 礼仪的起源与发展 ·········· 5
1.3 商务礼仪概述 ·········· 10
1.4 商务礼仪的应用 ·········· 13

第2章 商务人员形象设计 ·········· 17
2.1 仪容礼仪 ·········· 17
2.2 仪态礼仪 ·········· 27
2.3 服饰礼仪 ·········· 41
2.4 汽车销售人员形象设计实施方案 ·········· 47
2.5 汽车销售人员形象设计实训任务单 ·········· 48
2.6 汽车销售人员形象设计实训评价 ·········· 51
2.7 汽车销售人员形象设计礼仪综合训练 ·········· 52

第3章 商务人员语言礼仪 ·········· 54
3.1 交谈礼仪 ·········· 54
3.2 电话礼仪 ·········· 64
3.3 网络礼仪 ·········· 72
3.4 书面通信礼仪 ·········· 77

第4章 商务人员交际礼仪 ·········· 86
4.1 介绍礼仪 ·········· 86
4.2 见面礼仪 ·········· 91
4.3 名片礼仪 ·········· 103
4.4 礼品馈赠礼仪 ·········· 110

第5章 商务人员餐饮礼仪 ·········· 118
5.1 宴请礼仪的概述 ·········· 118

5.2 中餐礼仪 ………………………………………………………………… 121
  5.3 西餐礼仪 ………………………………………………………………… 128

第 6 章 商务办公礼仪 ……………………………………………………………… 137
  6.1 办公室礼仪 ……………………………………………………………… 137
  6.2 求职面试礼仪 …………………………………………………………… 144

第 7 章 商务活动礼仪 ……………………………………………………………… 159
  7.1 会务会议礼仪 …………………………………………………………… 159
  7.2 商务接待礼仪 …………………………………………………………… 162
  7.3 商务拜访礼仪 …………………………………………………………… 166
  7.4 庆典礼仪 ………………………………………………………………… 170
  7.5 展览会礼仪 ……………………………………………………………… 172

第1章 商务礼仪认知

1.1 礼仪的概述

【引导案例】

据《春城晚报》1992年1月9日载文：在某地一辆公共汽车上曾发生了一起乘客与乘务员之间的争吵。乘务员："往里走，塞在门口为哪样？"乘客："同志，态度好一点嘛！"乘务员："态度？态度几文一斤？！"乘客："刚才我不是跟你说了嘛，我到前一站就下车。"乘务员："我不也在跟你说吗，你一毛钱，想要买什么态度？"

问题：
你觉得乘务员的态度有何不妥？

中华民族素有"礼仪之邦"的美誉，纵观中国上下五千年的灿烂历史，"礼"是中国文化的根本特征和标志，是中国古代文化的核心。礼仪是人类文化的结晶，是社会文明的标志。礼仪体现了人类社会不断摆脱愚昧、野蛮、落后的进化程度，也是一个国家、民族进步、开化与兴旺的标志。

今天，礼仪在人们生活和工作中的作用同样重要。无论是人际的、社会的、国与国之间的交往，还是旅游、商业、服务业等行业的接待服务工作，都离不开对礼仪规范的遵守。讲文明、懂礼貌，尊重他人，服务社会已成为人们的共识。和谐的人际关系是人际交往的桥梁，是一个人立足社会、成就事业、获得美好人生的基础。每一个现代人都应注重文明修养，讲究礼仪，每个人都应是礼仪的载体、文明的化身。

一、礼仪的含义

人类在不同历史时期有不同的行为规范，礼仪的内涵也随着时代的发展而变化着。

1. 礼的含义

汉字中的"礼（禮）"，按许慎《说文解字》的说法："礼（禮），履也，所以事神致福也，从示从豊，豊亦声。""示"的甲骨文是祭台的象形，"礼（禮）"从"示"表示与祭祀有关，"豊"为"禮"的本字，其甲骨文像在高脚盘中盛放着玉器以奉神祇。古人把通灵玉器敬祭神灵以求福，故而，奉神祇之事谓之"禮"。

简化字"礼"从示,从乚。"乚"形似一个跪着或弯曲的人形,古同"乙",有居于其次的意思。中国以自谦和尊重他人为美德,始终把自己放在第二位,不恃强称霸,故以"乙"明之。

"礼"本义是举行仪礼、祭神求福,随着人类文明的发展,"礼"进而指尊敬的态度和动作,逐渐被引申为表达对他人的尊重与敬爱之意。后来"礼"字的含义越来越多。

到了周朝,为了调整人们之间的关系,把"礼"与"德"结合起来。随着等级制度的出现,"礼"成了区分贵贱、尊卑、顺逆、贤愚的人际交往准则,位于其他社会观念之上。正如孔子所说,"人无礼则不生,事无礼则不成,国无礼则不宁"。这三个"礼"字各有各的含义。用现代的语言来说,第一个"礼"字指的是生活交往中的行为规范;第二个"礼"字指的是规矩、规则;第三个"礼"字指的是政治法律制度。由此可见,礼是规定社会行为的法则、规范、仪式的总称。

2. 仪的含义

"仪(儀)",按许慎《说文解字》的说法:"仪(儀),度也,从人,義声。""仪"是"礼"的形式。"仪"也有三层意思:一是指容貌和外表;二是指仪式和礼节;三是指准则和法度。

3. 礼仪的含义

"礼仪"一词最早见于《诗经》和《礼记》。礼仪表示礼节和仪式。中国古代的"礼仪"从本质上更偏重于政治体制上的道德教化。现代社会"礼仪"一词有了更加广泛的含义,其内容包括行礼仪式、礼节仪式、风俗规定的仪式、行为规范、交往程序、礼宾次序、道德规范,等等。

英语"礼仪"一词是由法语"egiguette"演变而来的,原意为法庭上用的一种通行证。这种通行证上面记载着人们进入法庭应遵守的注意事项,后来被引用到其他公共场合,成为大家都愿意共同遵守的礼仪。在西方,"礼仪"有三种含义:一是指谦恭有礼的言谈举止;二是指教养和规矩,也就是礼节;三是指仪式、典礼、习俗等。

综上所述,礼仪是人们在各种社会交往中,为了互相尊重而约定俗成、共同认可的行为规范和程序,它是礼节和仪式的总称。从广义的角度看,礼仪泛指人们在社会交往中的行为规范和交际艺术,是礼貌、礼节、仪表、仪式等的总称。从狭义的角度讲,礼仪通常是指在较大或隆重的正式场合,为表示敬意、尊重、重视等所举行的合乎社交规范和道德规范的仪式。

遵守礼仪在思想上体现为对交往对象有尊敬之意;在外表上注重仪容、仪态、风度和服饰;在谈吐举止上懂得礼仪规矩;在一些正式的礼仪场合遵循一定典礼程序等。

二、礼仪的内容

随着时代的变迁、社会的进步,人们的文明程度也在不断地提高。跟随文明的步伐,礼仪也在继承我国古代礼仪优良传统的基础上,不断推陈出新,内容更完善、更合理。通常,礼仪主要包括以下内容。

1. 仪表

仪表是指人的外表，包括仪容、服饰、体态等。生活中人们的仪表非常重要，它反映出一个人的精神状态和礼仪素养，是人们交往中的"第一形象"。天生丽质，风姿秀整的人毕竟是少数，然而人们却可以靠化妆修饰、发式造型、着装配饰等手段，弥补和掩盖在容貌、形体等方面的不足，依照规范与个人条件，对仪容施行必要的修饰，扬其长，避其短，设计、塑造出美好的个人形象。

仪表属于美的外在因素，反映人的精神状态。仪表美是一个人心灵美与外在美的和谐统一，美好纯正的仪表来自高尚的道德品质，它和人的精神境界融为一体。端庄的仪表既是对他人的一种尊重，也是自尊、自重、自爱的一种表现。

2. 礼貌

礼貌是指人们在人际交往中的言谈举止。它主要包括口头语言的礼貌、书面语言的礼貌、态度和行为举止的礼貌。礼貌的具体要求是：热情友好，尊重他人；举止有礼，待人大方；办事稳重，诚实可靠。

礼貌是人的道德品质修养的最简单、最直接的体现，也是人类文明行为最基本的要求。当我们与他人交往时，应面带微笑，恰当地使用礼貌用语，对他人态度和蔼，举止适度，彬彬有礼，尊重他人，同时又要准确地把握好交往的分寸。

3. 礼节

礼节是指人们在日常生活中，特别是在交际场合中，相互表示问候、致意、祝愿、慰问及给予必要协助与照料的惯用形式。礼节是礼貌的具体表现，具有形式化的特点，主要指日常生活中的礼貌行为，如人们在日常生活中经常使用的微笑、尊称、问候等。礼节是社会外在文明的组成部分，它反映出一定的道德原则内容，反映着对人对己的尊重，是人们心灵美的外化。

在阶级社会，由于不同阶级的人在利益上的根本冲突，礼节多流于形式。在现代社会中，由于人与人之间地位平等，其礼节从形式到内容都体现出人与人之间相互平等、相互尊重和相互关心。现代礼节主要包括：介绍的礼节、握手的礼节、打招呼的礼节、鞠躬的礼节、拥抱的礼节、亲吻的礼节、举手的礼节、脱帽的礼节、致意的礼节、作揖的礼节、使用名片的礼节、使用电话的礼节、约会的礼节、聚会的礼节、舞会的礼节、宴会的礼节等。

当今世界是个多元化的世界，不同国家、不同民族、不同地区的人们在各自生存环境中形成了各自不同的价值观、世界观和风俗习惯，其礼节从形式到内容都不尽相同，人们只有了解各种不同的礼节，才能避免在工作和社交活动中出现不必要的错误。

4. 仪式

仪式是指一种正式的礼节形式，是指为表示礼貌和尊重，在较隆重的场合举行的、具有专门程序的、规范化的活动。人们在社会交往过程中，或是在组织开展各项专题活动过程中，常常要举办各种仪式，以体现出对某人或某事的重视等。它是礼仪的具体表现形式，如成人仪式、结婚仪式、安葬仪式、凭吊仪式、告别仪式、开业或开幕仪式、闭幕仪式、欢迎仪式、升旗仪式、入场仪式、签字仪式、剪彩仪式、揭匾挂牌仪式、颁奖授勋仪式、宣誓就职仪式、交接仪式、奠基仪式、洗礼仪式、捐赠仪式等。

仪式往往具有程序化的特点，这种程序通常是人为地约定俗成的。在现代礼仪仪式中，有些程序是必要的，有些则可以简化。因此，仪式也大有越来越简化的趋势。但是，有些仪式的程序是不可省略的，否则就是不尊重、不重视或非礼行为。

5. 礼俗

礼俗即民俗礼仪，它是指各种风俗习惯，是礼仪的一种特殊形式。人们在生活、生产、社会交际等各种活动中所遵循的社会规则和道德规范，需要一定的礼节和形式来表现，通过日益扩散，渐渐沿袭成为人们普遍认可并依照实行的社会风俗，这就是礼俗。礼俗是由历史形成的，普及于社会和群体之中并根植于人们心理之中，在一定的环境中经常重复出现的行为方式。

不同国家、不同民族、不同地区在长期的社会实践中形成了各具特色的风俗习惯。"十里不同风，百里不同俗"，不但每一个民族、地区，甚至一个小小的村落都可能形成自己的风俗习惯。

【小阅读】

周恩来总理的礼仪风范

周恩来（1898—1976年）是新中国第一任总理兼外交部部长，他杰出的外交礼仪修养为全世界所倾倒。

美国前总统尼克松说："周恩来的敏捷机智大大超过了我能知道的其他任何一位世界领袖。这是中国独有的、特殊的品德，是多少世纪以来的历史发展和中国文明的精华结晶。他待人很谦虚，但沉着坚定。他优雅的举止，直率而从容的姿态，都显示出巨大的魅力和泰然自若的风度。他从来不提高讲话的调门，不敲桌子，也不以中止谈判相威胁来迫使对方让步。他手里有'牌'时，说话的声音反而更加柔和了……"

美国前国务卿基辛格博士在回忆录中这样描绘："他面容瘦削，颇带憔悴，但神采奕奕，双目炯炯，他的目光既坚毅又安详，既谨慎又满怀信心。他身穿一套剪裁精致的灰色毛料服装，显得简单朴素，却甚为优美。他举止闲雅庄重，使人注目的不是魁伟的身躯（像毛泽东或戴高乐那样），而是他外弛内张的神情，钢铁般的自制力，就像是一根绞紧了的弹簧一样。"

周恩来享有很高的国际声誉。凡是与他接触过的人，无不被他的人格、智慧和风度所折服。相反，苏联共产党总书记赫鲁晓夫的举止就有损于他自己和苏联的国际形象。赫鲁晓夫在出席联合国大会时，经常站起来打断别人的发言，甚至当西班牙代表发言时，他竟脱下皮鞋，敲打桌子。当时人们评论他的举止"像一个粗鲁不懂规矩的乡下人"。

对周恩来的认可和赞扬，已超越了政见，超越了意识形态，超越了时空。周恩来的形象，集聚了中华民族的优良品德。

（资料来源：http://blog.sina.com.cn/s/blog_66015d890100jnvb.html）

1.2 礼仪的起源与发展

【引导案例】

张女士是位商务工作者，由于业务成绩出色，随团到中东地区某国考察。抵达目的地后，受到东道主的热情接待，并举行宴会招待。席间，为表示敬意，主人向每位客人一一递上一杯当地特产饮料。轮到张女士接饮料时，一向习惯于"左撇子"的张女士不假思索，便伸出左手去接，主人见此情景脸色骤变，不但没有将饮料递到张女士的手中，而且非常生气地将饮料重重地放在餐桌上，并不再理睬张女士，这是为什么？

问题：

张女士为什么受到冷遇？

一、中国礼仪的起源与发展

1. 中国礼仪的起源

礼仪起源于远古时期的祭祀活动。在原始社会，由于社会生产力低下，人类对自然和自身的认识水平不足，对大量无法解释的自然现象产生了神秘感和敬畏感，形成了对自然界的崇拜，愿意将自己最有价值、最能体现对神敬意的物品（即牺牲）奉献于神灵，因而产生了祭祀活动。在祭祀活动中，人类表达出对自然、神和祖先的信仰与崇拜，原始的礼仪便产生了。在历史发展中，这种祭祀活动也逐步完善了相应的规范和制度，正式形成祭祀礼仪。

随着人类对自然与社会各种关系认识的逐步深入，仅以祭祀天地、鬼神、祖先为礼已经不能满足人类日益发展的精神需要，也无法调节日益复杂的现实关系。于是，人们将事神致福活动中的一系列行为，在内容和形式上扩展到了各种人际交往活动中，从最初的祭祀之礼扩展到社会各个领域的各式各样的礼仪。

同时，礼仪也在协调人类相互的关系。人类为了生存和发展，必须与大自然抗争，不得不以群居的形式相互依存，从而产生了人与人、部落与部落、国家与国家之间的关系。人与人之间既相互依赖又相互制约，人类必须妥善处理内部关系。男女有别，老少有异，既是一种天然的人伦秩序，又是一种需要被所有成员共同认定、保证和维护的社会秩序与规范，这成为礼仪产生的最原始动力。在此基础上，礼仪扩大到了人际关系的各个层面。

另外，人与自身、人与环境也会产生矛盾。人对欲望的追求是人的本能，人类寻求满足自身的欲望是没有止境的，欲望如不加以节制，人类可能什么坏事都干得出来，于是需要"止欲制乱"，通过节制贪欲，通过"克己"而产生礼。所以，礼仪对于自身修养的提高，对于和谐自身与环境的关系起着重要的作用。

从各种礼仪现象中，也可以发现大多数礼仪形式的产生都是约定俗成的，都是一个从无到有的过程，都是一个逐步被大家遵守并沿袭的过程。例如，礼品最初来源于古代战争中由于部落兼并而产生的"纳贡"，也就是被征服者定期向征服者送去食物、奴隶等，以表示对征服者的服从和乞求征服者的庇护。随着社会的发展，礼品逐渐成为人类社会生活中不可缺少的交往内容。礼尚往来成为中国人的重要传统，《礼记·曲礼上》说："礼尚往来，往而不来，非礼也，来而不往，亦非礼也。"现代人过年过节、走亲访友都少不了用礼品表达自己的心意。

2. 中国礼仪的发展

礼仪在其传承沿袭的过程中不断发生着变革。从历史发展的角度来看，其演变过程可以分五个阶段。

（1）礼仪的起源时期：夏朝以前（公元前21世纪前）

礼仪的早期萌芽出现在原始社会中、晚期，即旧石器时代。整个原始社会是礼仪的萌芽时期，由于生产力低下，人际关系简单，礼仪较为简单和虔诚，还不具有阶级性。主要的礼仪形式是：对大自然的崇拜、图腾崇拜、祭天敬祖和表现欢乐庆典、悲痛哀悼等。已经制定了明确血缘关系的婚嫁礼仪；区别部族内部尊卑等级的礼制；为祭天敬神而确定的一些祭典仪式；一些在人们的相互交往中表示礼节和表示恭敬的动作。

（2）礼仪形成阶段：夏、商、西周三代（约公元前21世纪至公元前771年）

夏商周时期，人类进入奴隶社会，统治阶级为了巩固自己的统治地位，把原始的宗教礼仪发展成符合奴隶社会政治需要的礼制，礼仪被打上了阶级的烙印。

在这个阶段，礼仪已渗透到社会生活中的各个方面，中国第一次形成了比较完整的国家礼仪制度。古代的礼制典籍也多撰修于这一时期，如周代的《周礼》《仪礼》《礼记》就是我国最早的礼仪学专著。在汉以后2000多年的历史中，它们一直是国家制定礼仪制度的经典著作，被称为礼经。

礼的内容主要体现在《周礼》中的"五礼"部分。所谓"五礼"，就是分别用于祭祀、冠婚、宾客、军旅和丧葬的"吉礼""嘉礼""宾礼""军礼"和"凶礼"。这是一整套涉及社会生活各方面的礼仪规范和行为标准。这些礼仪内容，对后世人们的行为规范、人际交往及社会公德的形成，都产生了极大的影响。

（3）礼仪的变革时期：春秋战国时期（公元前771至公元前221年）

春秋战国时期，学术界形成了百家争鸣的局面，礼仪产生了分化。以孔子、孟子、荀子为代表的诸子百家对礼教给予了研究和发展，对礼仪的起源、本质和功能进行了系统阐述，第一次在理论上全面而深刻地论述了社会等级秩序划分及其意义。

孔子对礼仪非常重视，把"礼"看成是治国、安邦、平定天下的基础。他认为"不学礼，无以立"；"质胜文则野，文胜质则史。文质彬彬，然后君子"。他要求人们用礼的规范来约束自己的行为，要做到"非礼勿视，非礼勿听，非礼勿言，非礼勿动"。倡导"仁者爱人"，强调人与人之间要有同情心，要相互关心，彼此尊重。

孟子把礼解释为对尊长和宾客严肃而有礼貌，即"恭敬之心，礼也"，并把"礼"看作是人的善性的发端之一。荀子把"礼"作为人生哲学思想的核心，把"礼"看作是做人的根本目的和最高理想，"礼者，人道之极也"。他认为"礼"既是目标、理想，又是行为过程。"人无礼则不生，事无礼则不成，国无礼则不宁"。管仲《管子·牧民》中把"礼"分为"大礼""小礼",把"礼"看作是人生的指导思想和维持国家的第一支柱,认为礼关系到国家的生死存亡。

(4) 封建礼仪阶段(公元前221年至1911年)

这一阶段主要是指从儒学的产生,到以儒学为基础的封建礼仪形成、强化和衰落时期,以孔子为祖师的儒家学派逐步形成。这一时期,礼仪成为儒家学派的核心——"礼教"。在这一阶段,礼制的核心思想已从奴隶社会的尊君观念发展为"君权神授"的理论体系,强调"天不变,道亦不变","道"指的是封建社会的"三纲五常","三纲"即君为臣纲、父为子纲、夫为妻纲。"五常"即仁、义、礼、智、信,形成了完整的封建礼仪道德规范。到了宋代,产生了封建理学理论,把道德和行为规范作为封建礼制的中心,"三从""四德"成为女子道德的衡量标准。

封建礼仪阶段最明显的特征,就是把人们的行为纳入封建道德的轨道,把人们教化成"非礼勿视,非礼勿听,非礼勿言,非礼勿动"的精神奴隶,礼仪逐渐成为统治阶级进行封建统治的工具,有些还以法律的形式固定下来,形成"礼制",成为束缚人们行为的工具。礼教文化是这个时期"礼"的核心和基本内容,构成了中华传统礼仪的主体。

(5) 现代礼仪的发展阶段(1912年至今)

辛亥革命以后,受西方资产阶级"自由、平等、民主、博爱"等思想的影响,中国的传统礼仪规范、制度受到强烈冲击。五四新文化运动对腐朽、落后的礼教进行了清算,符合时代要求的礼仪被继承、完善、流传,那些繁文缛节逐渐被抛弃,同时接受了一些国际上通用的礼仪形式。新的礼仪标准、价值观念得到推广和传播。

新中国成立后,逐渐确立以平等相处、友好往来、相互帮助、团结友爱为主要原则的具有中国特色的新型社会关系和人际关系。改革开放以来,随着中国与世界交往的日趋频繁,西方一些先进的礼仪、礼节陆续传入我国,同我国的传统礼仪一道融入社会生活的各个方面,构成了社会主义礼仪的基本框架。

人们对礼仪重新进行了文化审视和理性思考,不仅汲取了西方文明的优秀成果,还使东西方文化和东西方礼仪有机地交融,逐步地完善和发展。许多礼仪从内容到形式都在不断变革,现代礼仪的发展进入了全新的发展时期。大量的礼仪书籍相继出版,各行各业的礼仪规范纷纷出台,礼仪讲座、礼仪培训日趋火红。人们学习礼仪知识的热情空前高涨,讲文明、讲礼貌蔚然成风。随着社会的进步、科技的发展和国际交往的增多,礼仪必将得到新的完善和发展。

二、西方礼仪的起源与发展

在西方,"礼仪"一词最早见于法语,原意为"法庭上的通行证"。这个词进入英文后,其词义有所扩展,有了礼仪的含义,泛指"人际交往的通行证"。因为在社会生活的各个方面人们都必须遵守一定的规矩和准则。所以,在《新英汉辞典》中,"Etiquette"一词有两个义项:一是礼节、礼仪;二是同业间的规矩、成规、格式。

西方的文明史,同样在很大程度上表现着人类对礼仪追求及其演进的历史。人类为了维持与发展血缘亲情以外的各种人际关系,避免"格斗"或"战争",逐步形成了各种与"格斗""战争"有关的动态礼仪。例如，为了表示自己手里没有武器，让对方感觉到自己没有恶意而创造了举手礼，后来演进为握手；为了表示自己的友好与尊重，愿在对方面前"丢盔卸甲"，于是创造了脱帽礼等。

在古希腊的文献典籍中，如苏格拉底、柏拉图、亚里士多德等先哲的著述中，都有很多关于礼仪的论述。例如，毕达哥拉斯（公元前580年—公元前500年）率先提出了"美德即是一种和谐与秩序"的观点；苏格拉底（公元前469年—公元前399年）认为，哲学的任务不在于谈天说地，而在于认识人的内心世界，培植人的道德观念。他不仅教导人们要待人以礼，而且在生活中身体力行，为人师表；柏拉图（公元前427年—公元前347年）强调教育的重要性，指出理想的四大道德目标：智慧、勇敢、节制、公正。亚里士多德（公元前384年—公元前322年）指出德行就是公正，他在《政治学》一书中说："人类由于志趣善良而有所成就，成为最优良的动物，如果不讲礼法、违背正义，他就堕落为最恶劣的动物。"

中世纪更是礼仪发展的鼎盛时代。中世纪欧洲形成了封建等级制，制定了严格而烦琐的贵族礼仪、宫廷礼仪等。例如，于12世纪写成的冰岛诗集《埃达》，就详尽地叙述了当时用餐的规矩。

随着资本主义制度在欧洲的确立和发展，资本主义社会的礼仪逐渐取代封建社会的礼仪。文艺复兴以后，欧美的礼仪有了新的发展，从上层社会对遵循礼节的烦琐要求到20世纪中期对优美举止的赞赏，一直到适应社会平等关系的比较简单的礼仪规则，礼仪有了新的内涵。资本主义时代也编撰了大量礼仪著作。英国政治家切斯特菲尔德勋爵（1694—1773年）在其名著《教子书》中指出："世间最低微、最贫穷的人都期待从一个绅士身上看到良好的教养，他们有此权利，因为他们在本性上是和你相等的，并不因为教育和财富的缘故而比你低劣。同他们说话时，要非常谦虚、温和，否则，他们会以为你骄傲，而憎恨你。"

西方现代学者编撰、出版了不少礼仪书籍，其中比较著名的有：法国学者让·赛尔编著的《西方礼节与习俗》，英国学者埃尔西·伯奇·唐纳德编著的《现代西方礼仪》，德国作家卡尔·斯莫卡尔编著的《请注意您的风度》，美国礼仪专家伊丽莎白·波斯特编著的《西方礼仪集萃》，以及美国教育家卡耐基编著的《成功之路丛书》等。

历史发展到今天，传统的礼仪文化不但没有随着市场经济的发展和科技的现代化而被抛弃，反而更加多姿多彩。国家有国家的礼制，民族有民族独特的礼仪习俗，各行各业都有自己的礼仪规范程式，国际上也有各国共同遵守的礼仪惯例等。

【小阅读】

东西方礼仪的差异

东方礼仪主要是指中国、日本、朝鲜、泰国、新加坡等为代表的亚洲国家所代表的具有东方民族特点的礼仪文化。西方礼仪主要是指流传于欧洲、北美各国的礼仪文化。

1. 在对待血缘亲情方面

东方人非常重视家族和血缘关系，"血浓于水"的传统观念根深蒂固，人际关系中最稳定的是血缘关系。

西方人独立意识强，相比较而言，不是很重视家庭血缘关系，而更看重利益关系。他们将责任、义务分得很清楚，责任必须尽到，义务则完全取决于实际能力，绝不勉为其难。处处强调个人拥有的自由，追求个人利益。

2. 在表达形式方面

西方礼仪强调实用，表达率直、坦诚。东方人以"让"为礼，凡事都要礼让三分，与西方人相比，常显得谦逊和含蓄。

在面对他人夸奖所采取的态度方面，东方人和西方人不相同。面对他人的夸奖，中国人常常会说"过奖了""惭愧""我还差得很远"等字眼，表示自己的谦虚；而西方人面对别人真诚的赞美，往往会用"谢谢"来表示接受对方的美意。

3. 在礼品馈赠方面

在中国，人际交往特别讲究礼数，重视礼尚往来，往往将礼作为人际交往的媒介和桥梁。东方人送礼的名目繁多，除了重要节日互相拜访需要送礼外，平时的婚、丧、嫁、娶、生日、提职、加薪都可以作为送礼的理由。

西方礼仪强调交际务实，在讲究礼貌的基础上力求简洁便利，反对繁文缛节、过分客套造作。西方人一般不轻易送礼给别人，除非相互之间建立了较为稳固的人际关系。在送礼形式上也比东方人简单得多。一般情况下，他们既不送过于贵重的礼品，也不送廉价的物品，却非常重视礼品的包装，特别讲究礼品的文化格调与艺术品位。

同时在送礼和接受礼品时，东西方也存在着差异。西方人送礼时，总是向受礼人直截了当地说明："这是我精心为你挑选的礼物，希望你喜欢。"或者说"这是最好的礼物"之类的话。西方人一般不推辞别人的礼物，接受礼物时先对送礼者表示感谢，接过礼物后总是当面拆看礼物，并对礼物赞扬一番。而东方人则不同，中国人及日本人在送礼时也费尽心机、精心挑选，但在受礼人面前却总是谦虚而恭敬地说"微薄之礼不成敬意，请笑纳"之类的话。东方人在受礼时，通常会客气地推辞一番。接过礼品后，一般不当面拆看礼物，唯恐对方因礼物过轻或不尽如人意而难堪，或显得自己重利轻义，有失礼貌。

4. 在对待"老"的态度方面

东西方礼仪在对待人的身份地位和年龄上也有许多观念与表达上的差异。东方礼仪一般是老者、尊者优先，凡事讲究论资排辈。

西方礼仪崇尚自由平等，在礼仪中，等级的强调没有东方礼仪那么突出，而且西方人独立意识强，不愿老，不服老，特别忌讳"老"。

5. 在时间观念方面

西方人时间观念强，做事讲究效率。出门常带记事本，记录日程和安排，有约必须提前到达，至少要准时，且不会随意改动。西方人不仅惜时如金，而且常将交往方是否遵守时间当作判断其工作是否负责、是否值得与其合作的重要依据，在他们看来这直接反映了一个人的形象和素质。遵守时间秩序，养成了西方人严谨的工作作风，办起事来井井有条。西方人工作时间和业余时间区别分明，休假时间不打电话谈论工作，甚至在休假期间断绝非生活范畴的交往。

相对来讲，中国人对时间比较随意，时间观念比较淡漠。包括改变原定的时间和先后顺序，中国人开会迟到，老师上课拖堂，开会做报告任意延长时间是经常的事。这在西方人看来是不可思议的，他们认为不尊重别人所拥有的时间是最大的不敬。

6. 在对待隐私权方面

西方礼仪处处强调个人拥有的自由（在不违反法律的前提下），将个人的尊严看得神圣不可侵犯。在西方，冒犯对方"私人的"所有权利，是非常失礼的行为。因为西方人尊重别人的隐私权，同样也要求别人尊重他们的隐私权。

东方人非常注重共性拥有，强调群体，强调人际关系的和谐，邻里间的相互关心，嘘寒问暖，是一种富于人情味的表现。

（参考资料：艾建玲主编《旅游礼仪教程》，湖南大学出版社）

1.3 商务礼仪概述

【引导案例】

小张是一家物流公司的业务员，口头表达能力不错，对公司的业务流程很熟悉，对公司的产品及服务的介绍也很得体，给人感觉朴实又勤快，在业务人员中学历是最高的，可是他的业绩总是上不去。小张自己非常着急，却不知道问题出在哪里。

小张从小有着大大咧咧的性格，不爱修边幅，头发经常是乱蓬蓬的，双手指甲长长的也不修剪，身上的白衬衣常常皱巴巴的并且已经变色，他喜欢吃大饼卷大葱，吃完后却不知道去除异味。小张的大大咧咧能被生活中的朋友所包容，但在工作中常常过不了与客户接洽的第一关。

问题：
小张为什么总不能成功地承接业务？

一、商务礼仪的含义

商务礼仪是商务人员在商务活动中，用以维护企业形象或个人形象，对交往对象表示尊重与友好的行为规范和惯例。

一般来讲，在商务活动中言行合情合理、优美、大方、得体、符合要求，按约定俗成的规矩办事、礼貌待人；按约定俗成的、大家都可以接受的礼节程序接待客户等都属于商务礼仪的范畴。

在商务活动中，为了体现相互尊重，商务人员需要调整自己的行为规范，这包含商务活动中的方方面面，包括仪表礼仪、言谈举止、书信来往、电话沟通。从商务活动的场合又可以分为办公礼仪、宴会礼仪、迎宾礼仪等。它是一般礼仪在商务活动中的运用和体现。在现代社会中，商务礼仪已成为商务活动必不可少的交流工具，与商务组织的经济效益密切联系；商务礼仪也是商务人员交际的"金钥匙"，是商务活动的通行证，并进而影响商务活动的成功与否。

商务礼仪是人们在商务活动中应遵循的礼节，是礼仪在商务领域中的具体运用和体现，实际上就是在商务活动中对人的仪容仪表和言谈举止的一种普遍要求。

商务礼仪包括商务礼节和商务仪式两方面的内容。

商务礼节——人们在商务交往活动中，为表示对交往对象的尊重而采取的规范形式，如迎送礼、接待礼等。

商务仪式——按程序进行的商务活动形式，如商业庆典仪式、开幕仪式等。

二、商务礼仪的特点

1. 普遍性

当今，各种商务活动已渗透社会的每个角落，可以说，只要有人类生活的地方，就存在着各种各样的商务活动。商务礼仪是人们在商务活动中必须遵守的行为规范，全体社会成员都离不开一定的礼仪规范的制约。人们在工作、学习和生活中，许多礼仪是不随人的意志为转移的，它本身具有很强的普遍性，无时无刻不约束着人们的行为规范，反映着人们对真善美的追求愿望。

2. 信誉性

商务活动涉及商务交往双方的利益，因此，诚实守信是非常重要的。首先以诚待人，是获取信任、取信于人的最好办法。其次"言必行，行必果"既是对自身的肯定，也是对他人的尊重。失信于人既是失礼的行为，也会导致失利的结果。孔子说："民无信不立。"商务人员应从遵守商务礼仪来展现诚信的态度，为商务合作的成功提供通行证。

3. 效益性

商务礼仪是一种社会行为，在商务交往中，得体的礼仪有助于树立企业的良好形象，协调交往双方的关系，促进合作的顺利进行，从而产生经济效益；而悖礼、失礼，会导致商务交往的失败、客户的流失乃至商务活动的中断，给企业带来经济损失。可见，商务礼仪具有一定的效益性。

4. 发展性

时代在发展，商务礼仪文化也在随着社会的进步而不断发展。例如，以往人们一般采用纸质媒介、电报等传递各种商务信息，而今，人们常用的是电子邮件、网络、传真、电话等现代信息手段进行商务信息的传递。在全球经济一体化的发展势头下，我国的传统商务礼仪必然要引进世界各国较先进的商务元素，与国际社会的商务礼仪接轨，发展形成一套既富有中国传统特色，又符合国际惯例的商务礼仪规范。

三、商务礼仪的作用

在商务活动中，遵循一定的礼仪，不仅有利于营造良好的交易氛围，促成相互的合作与交易的成功，而且能体现个人与组织的良好素质，有助于树立与巩固企业的良好形象。了解运用好商务活动中的规范礼仪，正日益成为企业竞争取胜的一个重要法宝。

1. 塑造良好的形象

"不学礼，无以立"。礼仪帮助塑造良好形象，提升修养，是为人立世之本。现代市场竞争除了产品竞争外，还有形象竞争，塑造良好的个人形象和企业形象是现代商务礼仪的重要职能。在商务交往中，个人代表整体，个人形象代表企业形象，个人的所作所为，就是本企业的典型活体广告。

个人形象对商务人员十分重要，它体现着每个人的精神风貌与工作态度。商务人员必须懂得商务交往中应遵守的礼仪规范，注重个人的礼仪修养，才能树立良好的个人形象。

注重商务礼仪，有助于塑造和维护企业的形象。企业中的商务人员，在与他人接触时，其得体的言行举止，都在塑造企业的形象。商务人员是企业的代表，其良好的个人形象，也代表着企业的形象，会给企业带来有形和无形的财富（一个企业具有良好的企业形象，有利于提高企业的知名度，赢得客户的信赖）。

2. 商务礼仪具有较强的沟通协调作用

礼仪是个人和企业进入社会的名片，是通向成功之路的通行证。礼仪既是形象，也是纽带，更是沟通与协调的手段。在商务交往中，由于人们的立场、观点的不同对同一问题会产生不同的理解和看法，如果不能沟通，不仅交往的目的不能达到，还可能产生误解与隔阂，进而影响商务活动的有效开展。

商务沟通是一种双向交往活动，交往的成功与否，首先要看是否能够沟通。沟通的原则要求人们在与人交往中，既要了解交往对象，又要被交往对象所了解，才能实现有效的沟通。而在商务交往中，交往对象的文化背景、思想、情感、观点和态度都不同，这就会使交往双方的沟通有时变得困难，若双方不能沟通，不仅交往的目的不能实现，有时还会产生误会，给企业带来负面影响。通过商务礼仪的学习，可以消除差异，使双方互相了解，沟通情感，使商务活动能顺利进行。

3. 商务礼仪具有良好的传递信息作用

一个公民的公共文明水平，可以折射出一个社会、一个国家的文明程度。一个员工的文明水平也就折射出一个企业的文化。每一个人的礼仪行为均可以传递一种甚至多种信息。根据礼仪表现的方式，可以把礼仪分成三种类型：仪容仪表礼仪、语言规范礼仪和行为举止礼仪。优雅、得体的礼仪展示的是内心世界的礼仪修养；合乎规范的语言表达可以通过口头或书面语言的方式来传达某种礼节。如一声问候传递友好与关心，一句责备传递厌恶与反对的信息。行为举止礼仪是指通过人的身体语言来传情达意的一种礼仪行为，一个手势、一个表情都是可以给商务伙伴传递是否合作信息的行为。

4. 商务礼仪可提高社会效益和经济效益

礼仪是生产力，它所能带来的社会效益和经济效益是不可估量的。在商务交往中，正确使用商务礼仪，可以促使商务活动的顺利进行，促进双方业务合作，给企业树立良好声誉，从而帮助企业建立广泛合作关系，提高企业的经济效益和社会效益。

【小阅读】

周总理巧答女记者

1960年，周恩来总理赴印度新德里就中印边界问题进行磋商、谈判，努力在不违背原则的前提下与印方达成和解。其间，周恩来召开记者招待会，从容应对西方和印度记者的种种刁难，当时一个西方女记者忽然提出一个非常私人化的问题，她说："据我所知，您今年已经62岁了，比我的父亲还要大8岁，可是，为什么您依然神采奕奕，记忆非凡，显得这样年轻、英俊？"这个问题使得紧张的会场气氛轻松下来，人们在笑声中等待周恩来的应对。周恩来略作思考，回答道："我是东方人，我是按照东方人的生活习惯和生活方式生活的，所以依然这么健康。"会场顿时响起经久不息的掌声和喝彩声。

1.4 商务礼仪的应用

【引导案例】

在一次小型的联欢会上，观众席上有一位女士问赵本山："听说你在全国笑星中出场费是最高的，一场要一万多元，是吗？"这个问题让人为难：如果赵本山做出肯定回答，那会有许多不便，如果确有其事，他也就不好做出否定的回答。面对这样一个尴尬的问题，他做出了如下的回答。

赵本山说："您的问题提得很突然，请问您是哪个单位的？""我是大连一个电器经销公司的。"那位女士说。"你们经营什么产品？"赵本山问。

"有录像机、电视机、录音机……"女子答道。"一台录像机卖多少钱？""四千元。""那有人给你四百元你卖吗？"

"那当然不能卖，一种商品的价格是由它的价值决定的。"那女性非常干脆地回答他。"那就对了，演员的价值是由观众决定的。"

问题：

（1）面对女士的尴尬问题，赵本山采用了何种方法巧妙应答？

（2）在商务礼仪中遇到言语方面的因素而使自己处于不利境地时该如何解脱？

一、商务礼仪中的"3T"

1. 机智（Tact）

"愉快"——在待人接物时尽量欣赏、赞美别人的优点，处于如此愉快的环境中，生意自然会好做得多。

"灵敏"——在商务活动中对待不同的人应机敏，懂得察言观色。

"迅速"——在经济社会中追求效率，所以迅速也是礼貌的重要表现。现代商场上应该"说话抓重点，行动快而敏捷"。

2. 时间的选择（Timing）

这里时间的选择有三种意思：时间、场合和角色扮演。

3. 宽恕（Tolerance）

这里是指宽恕、包容别人。这是礼仪守则中最难做到的一点。在商务活动中要做到"将心比心"，多想别人的优点。

二、商务礼仪的原则

在商务场合中，如何运用商务礼仪，发挥礼仪的沟通协调功能，建立良好的商务合作关系，应该遵循商务礼仪的四项原则。

1. 真诚尊重原则

真诚是对人对事的一种实事求是的态度，是待人真心实意地友好表现。在商务活动中，诚心诚意，以诚待人，这样才易于为他人所接受。逢场作戏，言行不一，口是心非，迟早会被揭穿和败露，不利于商务合作关系的发展。尊重他人，是获得成功的重要保证，也是商务礼仪的核心。尊重他人，要求将对方的尊敬与重视放在首位，切勿伤害对方的自尊心。

2. 平等适度原则

平等是人与人交往建立情感的基础，是保持良好人际关系的诀窍。遵循平等原则，做到不骄狂，不我行我素，不自以为是，不厚此薄彼，不傲视一切，不目中无人，更不能以貌取人，或以职业、地位、权势压人，而应该时时处处平等谦虚待人。

适度原则是指在商务交往中应把握礼仪分寸，根据具体情况、具体情境而行使相应的礼仪，如在与人交往时，既要彬彬有礼，又不能低三下四，既要热情大方，又不能轻浮，要自尊却不能自负，要坦诚但不能粗鲁，要信人但不能轻信，要谦虚又不能拘谨，要老练稳重，但又不能圆滑世故。

3. 自信自律原则

自信是商务交往中一项重要的原则，一个人唯有对自己充满信心，才能如鱼得水，得心应手。自信是商务活动中一份很可贵的心理素质，一个有信心的人，才能在交往中不卑不亢、落落大方，取得商务合作的成功；一个缺乏自信的人，就会处处碰壁，处处不顺。但自信不能自负，自以为是，一贯自信的人，往往会走向自负的极端。运用自律原则就可以正确处理好自信与自负的关系。自律就是要克己，慎重。在商务交往中，要树立一种内心的道德信念和行为修养准则，以此来约束自己的行为，严于律己，实现自我教育与自我管理。

4. 信用、宽容原则

信用即讲究信誉的原则，守信是中华民族的传统美德。在商务活动中，尤其要讲究遵守信用，守时、守约，做到"言必行，行必果"。宽容的原则即与人为善的原则，是容许别人有行动和判断的自由，对不同于自己与传统观点的见解有耐心和公正地容忍。在商务交往中，宽容是创造良好商务关系的法宝，宽容他人，理解他人，体谅他人，站在对方的立场去考虑一切，是顺利完成商务工作的良方。

三、提高商务礼仪修养的途径

1. 加强道德修养

礼仪作为一种修养，是在多层次的道德规范体系中最基本的行为规范之一，属于社会公德的内容。礼仪与道德相辅相成、互相补充。道德是礼仪的基础，礼仪是道德的表现形式。举止大方、温文尔雅、彬彬有礼，是以良好的道德修养为基础的，道德修养能有效地调节和控制人的行为，美好情操是文明习惯的自然修饰和流露。有德才会有礼，无德必定无礼。因此，修礼宜先修德。

2. 自觉学习礼仪

作为一名商务人员，讲究商务礼仪，最重要的是，先要学习好礼仪的基本知识。从理论上掌握在不同场合、面对不同交往对象，应该运用哪些礼仪。只有掌握了礼仪的基本知识，才能够更准确地遵守商务礼仪。

3. 注重践行礼仪

讲究商务礼仪，必须积极运用礼仪，做到知行统一。在实践中，一是养成习惯。俗话说："习惯成自然。"习惯一旦形成，就会成为无意识的行为。从点滴做起，持之以恒，不断积累、升华，并抑制和纠正不良的习惯，将学习、运用礼仪真正变为自觉行为和习惯做法。二是注意细节。所谓"教养体现细节，细节展示素质"。三是坚持不懈。修身养性在于日积月累。

四、商务礼仪招待注意因素

随着经济全球化日益加深，商务活动逐渐成为人们经济生活中的重要组成部分，而其中穿梭于商务活动中的商务招待礼仪更是商业经理人应该有的意识，商务招待不仅是一种礼仪，同时也是一种投资。

好的商务招待可从以下方面着手：

①在一对一的基础上去了解客人。
②对新老朋友都热情相待。
③得到帮助，真诚表达自己的谢意。
④商业场合不要羞于推销自己（这一点我们还做得远远不够）。
⑤得到热情招待，要在适当时机考虑回报。
⑥强化与老客户的关系（我们80%的商业利润可能就来自那20%的老客户）。
⑦在商务招待中提高公司形象。
⑧注意在招待过程中强调公司的任务，但要做得圆滑而漂亮。

【小阅读】

背后的鞠躬

日本人讲礼貌，行鞠躬礼是司空见惯的，可是我国某留学生在日本期间看到的一次日本人鞠躬礼却在脑海中留下了深深的印象。

一天，这位留学生来到了日航大阪饭店的前厅。那时，正是日本国内旅游旺季，大厅里宾客进进出处，络绎不绝。一位手提皮箱的客人走进大厅，行李员立即微笑地迎上前去，鞠躬问候，并跟在客人身后问客人是否要帮助提皮箱。这位客人也许有急事吧，嘴里说了声："不用，谢谢。"头也没回径直朝电梯走去，那位行李员朝着那匆匆离去的背影深深地鞠了一躬，嘴里还不断地说："欢迎，欢迎！"这位留学生看到这情景困惑不解，便问身旁的日本经理："当面给客人鞠躬是为了礼貌服务，可那位行李员朝客人的后背深鞠躬又是为什么呢？""既是为了这位客人，也是为了其他客人。"经理说，"如果此时那位客人突然回头，他会对我们的热情欢迎留下印象。同时，这也是给大堂里的其他客人看的，他们会想，当我转过身去，饭店的员工肯定对我一样礼貌。"

第 2 章　商务人员形象设计

2.1　仪容礼仪

【引导案例】

一天,黄先生与两位好友小聚,来到某知名酒店。接待他们的是一位五官清秀的服务员,接待服务工作做得很好,可是她面无血色,显得无精打采。黄先生一看到她就觉得心情欠佳,仔细留意才发现,这位服务员没有化工作淡妆,在餐厅昏黄的灯光下显得病态十足。上菜时,黄先生又突然看到传菜员涂的指甲油缺了一块,他的第一反应就是"不知是不是掉我的菜里了"。但为了不惊扰其他客人用餐,黄先生没有将他的怀疑说出来。用餐结束后,黄先生叫柜台内服务员结账,而服务员却一直对着反光玻璃墙面修饰自己的妆容,丝毫没有注意到客人的需要。自此以后,黄先生再也没有去过这家酒店。

问题:
(1) 请指出案例中服务员在仪容上存在的问题。
(2) 本案例对你有哪些启示?

在人际交往中,每个人的仪容仪态都会引起交往对象的特别关注,并将影响到对方对自己的整体评价,个人良好的仪容仪态,能给人以端庄、稳重、大方的印象,既能体现自重自爱,又能表示对他人的尊重与礼貌。

2.1.1　仪容的基本规范

仪容的基本含义是指人的容貌,是个人仪表的重要组成部分,它是由发式、面容及所有未被服饰遮掩、暴露在外的肌肤构成的,仪容美具体包括三层含义。

一、自然美

自然美是指仪容的先天条件好,天生丽质,尽管以相貌取人不合情理,但先天美好的仪容相貌,无疑会令人赏心悦目,感觉愉快。

二、修饰美

修饰美是指依照规范与个人条件，对仪容作必要的修饰，扬其长，避其短，设计、塑造出美好的个人形象。在人际交往中通过修饰尽量使自己显得端庄秀美，做到自尊自爱，同时也表示尊重对方。

三、内在美

内在美是指通过努力学习，不断提高个人的文化、艺术修养和思想、道德水准，培养出高雅的气质与美好的心灵，使自己秀于外而慧于中，表里如一。

真正意义上的仪容美，应当是上述三个方面的高度统一。忽略其中任何一个方面，都会使仪容美失之于偏颇。在这三者之间，仪容的内在美是最高的境界，仪容的自然美是先天存在的，而仪容的修饰美则是仪容礼仪关注的重点。

在任何情况下，一个正常人倘若不注意对自身的仪容进行合乎常规的修饰与维护，往往在他人的心目中也难有良好的个人形象。所以，我们平时必须时刻不忘对自己的仪容进行必要的修饰和整理，做到"内正其心，外正其容"。

2.1.2 仪容的细节规范

个人卫生可以反映社会的文明程度，体现社会风尚，讲究仪容卫生，要求做到干净整洁，这是对现代人仪容的基本要求，讲究仪容卫生，需要长年累月、坚持不懈、不厌其烦地进行以下仪容细节的修饰工作。

一、坚持洗澡、洗脸

洗澡能够有效除去身上的尘土、油垢、汗味、酒气等异味，使人精神焕发。坚持夏天每日洗一次，冬天至少一周洗一次，如遇重大礼仪活动，尽可能事前洗一次。洗澡不仅是为了保持身体干净，更重要的还可以使人感到神清气爽，在社交场合既能增加自己的自信心，又可以给交往对方留下良好的印象。在社交场合若脸上常有灰尘、污垢、泪渍或汤渍，不仅是有失礼貌的表现，还会给别人留下不好的印象，所以参加重要活动或出席正式场合，有必要事先洗净脸面。

二、保持手部卫生

手部是个体与外界直接接触最多的身体部位之一，最容易沾染脏东西，必须经常清洗，以保持无泥垢、无污痕。在社交场合中，每一个人都要谨记双手务必做到"六洗"：一是出席礼仪场合之前洗手，二是规定洗手之时洗手，三是接触精密物品之前洗手，四是弄脏之后洗手，五是上过卫生间之后洗手，六是下班之前洗手。另外，要经常修剪指甲，长指甲不符合社交场合的礼仪规范，会使污垢藏于指甲中，给人留下不讲卫生的印象，手指甲的长度以不长过手指为宜。

三、注意口腔卫生

坚持每天刷牙，消除口腔异味，维护口腔卫生是非常必要的。刷牙应坚持"三三原则"，即每天三餐后坚持刷牙，每次刷唇颊面、舌面、咬合面三个面，坚持每次刷牙三分钟。切勿用饮水、漱口和咀嚼口香糖等无效的方法来替代刷牙。此外，还要养成社交活动前不吃生蒜、生葱和韭菜一类带有刺激性气味食物的良好习惯，以免在社交场合中口中有异味，致使周边的人感到不快。

四、保持发部整洁

头发的干净整洁是发部整洁的最基本要求。日常生活，每个人的皮脂腺不时分泌油脂，容易沾染上脏东西，因此要做到勤于梳洗，每周至少清洗头发两三次。注重头发清洗的同时，还需注意定期修剪头发，根据性别、年龄、个人头发生长状况，合理安排修剪头发的周期。

头发梳理是每天必做之事，应注意在下述情况下自觉梳理头发：一是出门上班前梳理头发，二是换装上岗工作前梳理头发，三是摘下帽子时梳理头发，四是下班回家时梳理头发，五是其他必要时梳理头发。

梳理头发时还应注意：梳理头发不宜在公众场合当众进行，应避开外人到化妆间进行。梳理头发不宜直接用手，最好随身携带一把梳子，使用起来比较方便，梳理的断发和头屑不可随手乱扔，应注意公共卫生。

五、保持脚部清洁

脚作为支撑人体的重要部位，每天要进行大量运动。它会分泌大量的汗液，恶化脚底环境，容易滋生真菌，如不及时改善，就会导致各种脚部疾病，如脱皮、脚部溃烂等。所以平时要注意勤洗脚，让其通风，可以适当擦些护脚霜，适当保健按摩，美化脚部肌肤。

2.1.3 美容化妆的技巧

在现代社交礼仪中，掌握正确的美容化妆技巧，能给交往对象留下良好的第一印象，使对方愿意接近，从而为进一步交往奠定良好的基础。

仪容修饰的具体方法与规则如下：

一、头发修饰

头发是一个人被注视的重中之重，头发修饰，特指人们依据自己的审美习惯、工作性质和自身特点对头发进行的清洁、修剪、保养和美化。

头发的功能不仅仅体现人的性别，更多的是反映出一个人的道德修养、审美水平、知识层次及行为规范。人们可以通过一个人的发型判断其职业、身份、受教育程度、生活状况及卫生习惯，更可感受出其对工作、生活的态度。完美形象从头开始，在了解自己的头发发质后，应该对头发进行护理和保养。日常的头发护理主要包括正确洗发、适时护发、梳理头发、适度按摩，以及借助摩丝、发胶、电吹风等给头发造型，进行发型修饰。选择得体适度的发型可以表现出一个人的良好仪容。

（一）选择发型

发型即头发经过一定修饰之后所呈现出来的形状，在社交场合中，在选择发型时必须考虑头发的长短和发型的得体。

1. 长短要适中

从社交礼仪的角度讲，头发的长短对社交活动成功与否起着重要的影响作用。

（1）性别因素

对于女性可以留短发，男性可以留长发，但也不能长发披肩。只有一些艺术工作者为了凸显自己的个性，头发留得稍长些，或者梳辫挽髻，但切不可剃成光头。

（2）身高因素

头发的长短与身高成正比，个高留长发，个矮留短发，如果个矮的女性留着一头披肩长发，只会显得更矮，相反如果留短发则会显得比较精干。

（3）职业因素

职业对头发长短的选择影响很大，甚至不同的职业对头发长短都有特殊的要求。例如，对于男性，头发长短的要求是前不覆额，侧不掩耳，后不触领。对于女性来说，头发长度不宜长于肩部，不宜挡住眼睛，如果头发过长，则需要将头发扎起来或盘起来。这些要求适用于商务人士、政府官员，以及服务行业的从业人员。

（4）年龄因素

对于头发长短的选择，年龄也是必须考虑的因素。年轻的女士留披肩长发，会显得更加美丽，如果披肩长发出现在年过花甲的老妇人头上，则会令人哗然。所以，对于年龄大的女性来讲，短发是最佳的选择。

2. 发型要得体

发型是指头发的整体造型，在选择发型时除了要考虑自己的喜好外，更重要的是要考虑自己的个人条件和所处的场合。发型修饰要与脸型、体型、年龄及气质和谐统一。

3. 发型与脸型协调

发型对人的容貌有极强的修饰作用，可以弥补脸型的不足。任何一种脸型都有其特殊的发型要求，所以要根据自己的脸型选择发型，这是发型修饰的关键。

（二）盘发的技巧

1. 适当盘发

（1）职业装盘发

将刘海处头发留出，剩余头发分成上、下两部分。上面的头发全部呈螺旋状拧到左侧，下面的头发全部朝上，根部用黑色发夹固定。将留出的发尾部分分层次倒立，用梳子打，制作出一缕缕的感觉，最后喷上有定型效果的喷雾，制作完成，如图2-1所示。

（2）生活装盘发

将刘海主要部分留出，脑后头发用卷发筒从根部朝外卷好，剩余头发分开成左、中、右三个部分，头发喷上保湿护理的喷雾。右侧的头发用卷发棒将发束的下面部分烫卷，左边部分也是同样处理，脑后的头发用卷发棒烫卷，但注意脑后发束应当从中间开始卷。将固定好的卷发筒拆下，一边轻轻将发卷松开，一边用吹风机定型，最后取定型啫喱于手心，双手插入头发轻轻揉搓，使发髻自然蓬松，如图2-2所示。

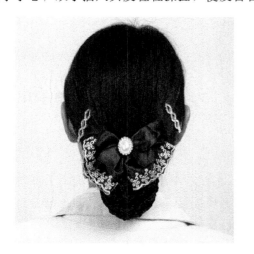

图2-1　职业装盘发发型

图2-2　生活装盘发发型

（3）宴会装盘发

在前面卷发的基础上造型，将刘海和耳朵前面的头发留出，剩余头发分成上、下两部分，将分好的上面部分的头发呈螺旋状全部拧到右侧，用黑色发夹固定好。下面部分的头发也以同样的方式拧到右侧，取一款漂亮水钻长发夹固定好上、下两部分头发的发尾，制作完成，如图2-3所示。

2. 适当美发

美发应注重美观大方、亲切自然，过分地雕琢头发不仅损伤发质，而且浪费时间和金钱，如果美发不当，还会影响其社交形象。

（1）护发

正确的护发，一是要长期坚持，二是要选择好护发用品，三是要采用正确的护发方法。

图2-3　宴会装盘发发型

（2）烫发

不管采用何种方式、何种材料去烫发，都会对头发造成一定的损伤，所以在烫发时一定要选择质量好的药水。此外，在烫发时要考虑一下是否适合本人的发质、年龄和职业等。一般来说，发量少而发质硬者，最适宜选择具有飘动感的大波浪发型，这样既能增加头发的丰满感，又能消除粗硬感；发量多而发质硬者，则应在做发型前削薄发际处的头发，用较大的发卷做发型，如果不加处理就做发型，会使头部因过多的卷曲而显得头重脚轻。

(3) 染发

中国人历来以黑发为美，假如自己的头发不够黑亮，特别是早生白发可将头发染成黑色。如果为了追求时尚，也可将头发染成其他颜色，但切忌五颜六色。在选择染发颜色时，也要考虑一下自己的个人条件、身份、职业及所处的场合等因素。

二、面部修饰

一个人的举止风度如何，容貌占了一定的比重。然而容貌的美丑并不在于脸的漂亮与否，恰如其分地打扮自己才算真美，所谓"三分长相，七分打扮"，爱美之心人皆有之，人人都希望自己光彩照人，获得他人赞美。在现代社交场合中，面部适当的修饰是对别人尊重的体现。

（一）皮肤护理

正常的健康人皮肤具有光泽，且柔软、细腻洁净、富有弹性，而当人处于病态或衰老的时候，皮肤则会失去光泽和弹性，出现皱纹或色斑。对皮肤进行经常性的护理和保养，有助于保持皮肤的健康和活力。皮肤一般分为干性皮肤、中性皮肤、油性皮肤、混合性皮肤和过敏性皮肤，对于不同类型的皮肤，需用不同方法加以护理和保养。

(1) 干性皮肤比较干燥，肤质细腻、较薄，毛孔细小不明显，皮脂分泌少而均匀，没有油腻感，易产生细小皱纹。在选择护肤品时，宜用不含碱性物质的膏霜型洁肤品，可选用对皮肤刺激小的含有甘油的香皂，有时也可只用清水洗脸，在水中加入少许蜂蜜，湿润整个面部，用手拍干，保养要点是补充油脂和保湿。

(2) 中性皮肤是健康的理想皮肤，皮脂腺、汗腺的分泌量适中，不油腻，不干燥，富有弹性，不见毛孔，红润有光泽，不容易老化，对外界刺激不敏感，没有皮肤瑕疵。这种皮肤比较易于护理，保养要点是维持水油平衡。

(3) 油性皮肤油脂分泌旺盛，额头及鼻翼有油光，毛孔粗大，触摸有黑头，皮质厚硬不光滑，外观暗黄，皮肤偏碱性，弹性较佳，不易衰老，洗脸时可在温水中加入少许白醋，以便有效地去除皮肤上过多的皮脂、皮屑和尘埃，使皮肤光泽有弹性，保养要点是控制油脂分泌和保湿。

(4) 混合性皮肤兼有油性皮肤和干性皮肤的两种特点：混合性皮肤看起来健康且质地光滑，但在面部T区（额、鼻、口、下颌）呈油性，两颊及脸部的外缘呈干性。护肤时可以考虑分区护肤的法则，对于干燥的部位除了更多的补水保养外，可以适当选择一些营养成分较丰富的护肤品，而偏油的部分可以使用清爽型护肤品，保养要点是控制T区的油脂分泌，消除两颊的干燥现象并保湿。

(5) 敏感性皮肤是指容易受刺激而引起某种程度不适的皮肤，皮肤表皮较薄，毛孔血管明显，使用保养品时容易过敏，出现发炎、泛红、起斑疹等症状。保养要点是适度清洁，不要过度去角质，不频繁更换保养品，不使用含有致敏成分的化妆品。

皮肤测试的方法：销售化妆品的厂家、商店在销售化妆品时使用专业的仪器对皮肤进行测试分析，也可以自己测试。晚上洗脸后，不用任何化妆品，第二天早晨用面纸在鼻翼两侧轻擦，油迹不多者为中性皮肤，过多者为油性皮肤，基本没有者为干性皮肤，皮肤的类型随年龄的增长会有所改变。

（二）适度化妆

学会适度地打扮自己，更能表现自己独特的美感，体现良好的气质和修养。一般来讲，在正常的社会交往中，成年人特别是成年女性进行适度的化妆，是非常必要的，这样做既是本人自尊自爱的表现，也是对交往对象重视的体现。在国际交往中，无论是上班还是参与社交活动，一名成年女性如果不化妆，往往便会被视为不懂礼节。

1. 化妆的基本原则

（1）美化的原则

每个人都希望通过化妆使自己变得更美丽，从而美化自身的形象，这就需要善于凭借化妆手段，了解自己脸的特点，运用正确的审美观，扬长避短。所谓扬长，就是在化妆时强调自己形象上的长处，展示自身优势；所谓避短，是指在化妆时应当努力回避自己形象上的短处，通过化妆掩饰和矫正自身不足。

（2）自然的原则

自然是化妆的生命，它能使妆后的脸看起来更加真实而生动，而不是一张呆板生硬的面具。人们平时的化妆应当以淡雅为主，妆面讲究自然、素净、雅致，而不刻意进行雕琢和强调。自然的化妆依赖于正确的化妆技巧、合适的化妆品，讲究过渡，体现层次，点面到位，浓淡相宜。总之，化妆之后看不出明显的痕迹，才是真正高水准的化妆。

（3）协调的原则

从根本上来讲，能够真正反映出人们化妆水平高低的，主要看其化妆后是否协调。具体而论，化妆的协调与否体现在以下四个方面。

第一，妆面协调。是指化妆部位色彩搭配、浓淡协调，所化的妆针对脸部个性特点，整体设计协调。

第二，全身协调。化妆时，必须注意脸部与发型、服装、饰物协调。如穿蓝色衣服或佩戴了冷色调的饰物时，眼影可以采用冷色系的蓝色，力求取得完美的整体效果。

第三，身份协调。是指化妆时要考虑到自己的职业特点和身份，采用不同的化妆手段和化妆物品，作为职业人士，应注意化妆后体现端庄稳重的气质。作为专门从事各种关系建立和协调工作的从业人员，抛头露面的机会多，与有身份、有地位的人打交道，要表现出一定的人际吸引魅力。工作中化妆不能太艳俗或太单调，而应浓淡相宜，青春妩媚，适合人们共同的欣赏标准。

第四，场合协调。不同场合，化妆的具体要求往往有所不同。在日常办公时，宜化淡妆，在社交场合，如出入宴会、舞会等场所，化妆可浓一些，尤其是舞会，妆可适当亮丽。参加追悼会，应素衣淡妆，忌使用鲜艳的红色妆。不同场合使用不同的化妆，相得益彰，不仅会使自己内心保持平衡，也会使自己跟周围的人相处更为融洽。

2. 化妆的方法

只有掌握了正确的化妆方法，才有可能使自己的化妆达到预期的目的，正常情况下，化妆大体上可以分为以下几个步骤：

（1）洁面

面部皮肤的清洁是化好妆的基础和前提，化妆前必须彻底清洗面部皮肤，尤其是油脂分泌较多的鼻翼两侧及额头等处，更应该仔细清洗。洁面最好选择与皮肤类型较为接近的洗面奶进行清洁，如这一程序不彻底，底妆很难涂抹均匀。

（2）打粉底

打粉底又称为打底，它是利用适合的粉底霜，以调整面部皮肤色泽为主要目的的一种基础化妆，使面部皮肤达到柔和美丽。

先拍上适量的化妆水、乳液，用手指法、海绵法、刷子法等不同的手法蘸粉底霜，在脸上进行点、抹、拍、按等方法的结合使用。由中央向四周放射线的方式薄薄地涂上一层，按照先整体再局部的顺序上妆。同时也涂在脖子上，使脖子能与面部的颜色协调。然后再从上往下轻轻扑上一层底粉，这一环节对化妆十分重要，底粉一定要扑均匀，而且尽量使颜色达到一致。面部轮廓较暗之处应多扑一点，如眼窝、鼻沟等部位，而较明亮之处少涂一些，如面额、颧骨、鼻尖等部位。这样，可以遮盖脸部的瑕疵，使皮肤显得年轻、健康、有弹性，整个面部有立体感，显得均匀、自然。

（3）画眼线

在化妆时，画眼线可以让化妆者眼睛生动有神，并且更富有光泽。在画眼线时，应当紧贴眼睫毛，画上眼线时，从内眼角朝外眼角方向画，画下眼线时，则应当从靠近眼尾1/3处开始描画，眼尾与上眼线相连，成"V"字形。画完之后的上、下眼线，上眼线稍长，可使双眼显得大而充满活力，如图2-4所示。

沿上眼睑精细描画，内眼角　　　下眼线从靠近眼尾1/3处开始描画，
加粗，眼尾平行延伸略微上扬　　眼尾与上眼线相连，成"V"字形

图 2-4　眼线的画法

（4）施眼影

施眼影的主要目的在于强化面部的立体感，以凹眼反衬隆鼻，并且使化妆者的双眼显得更为明亮而传神。

施眼影时，要注意选择眼影的颜色，选择眼影时可选择与肤色相协调的眼影色。在不能把握自己的肌肤适合于哪一种颜色时，可采取折中的办法，即选择灰色系列的中间过渡色，如棕色、灰色等，过分鲜艳的眼影，一般仅适用于晚妆。对中国人来讲，化工作妆或日妆选用咖啡色眼影，往往收效较好，也可以选择与服装色相协调的眼影色或选择与唇膏色相协调的眼影色。施眼影时，还要注意施出眼影的层次感，浅而深，层次分明，有助于强化化妆者眼部的轮廓。眼影的画法如图 2-5 所示。

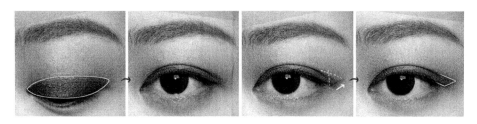

图 2-5　眼影的画法

（5）描眉毛

一个人眉毛的浓淡与形状，可以通过用眉笔的描画来突出或改善眉形，以达到对整个容貌发挥着重要的烘托作用。画眉前先要进行修眉，用专用的镊子拔除那些杂乱无序的眉毛。画眉应从内眼角的眉端开始，经眉峰（在眉毛的 2/3 处），一直画到眉尾为止。女性的眉形切忌过宽，描画时讲究着笔力度的均匀，逐根眉毛描出眉形，画眉时手要放松，如画得太重，可以用眉刷刷一下，尽量使画过的眉毛看上去比较自然。原本眉形较好的眉毛，只需用眉笔平扫一下，稍稍让眉毛浓一点儿即可，原本较浓的眉毛，就不必再加黑了，只将眉形稍作调整，使眉毛看上去对称即可。画眉之后应使眉形具有立体之感，所以在画眉时通常都要在具体手法上注意两头淡、中间浓，上面浅、下面深。脸型与眉形的搭配如图 2-6 所示。

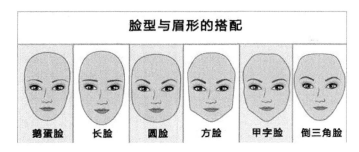

图 2-6　脸型与眉形的搭配

（6）涂腮红

涂腮红可以使化妆者的面颊更加红润，面部轮廓更加优美，并且显示出其健康与活力。上腮红时，涂的部位应从脸颊颧骨处开始，用刷子轻蘸腮红，一点一点地涂淡。涂的范围高不过眉，低不过嘴角，内不过鼻颊两侧，涂腮红切忌着色太浓，与唇膏或眼影属于同一色系。另外，腮红有多种颜色，一般选用接近皮肤的粉红色较为保险，过重的腮红颜色，日常淡妆不适合选用。但如果出席较为隆重的晚宴或其他庆典活动、舞台表演等，腮红颜色则略重一点为好，最后扑上散粉定妆。

（7）涂口红

涂口红是面部化妆的最后一道工序，它既可以改变不理想的唇形，又可以使双唇更加妩媚迷人，在涂口红时，应注意以下三个重要环节。

第一步，画唇线，确定好理想唇形。

用口红刷刷上唇膏，画出唇线。画唇线的目的是既可以使嘴唇的线条清晰、柔和，又可以用唇线调整唇形，使太厚和太薄的唇形能通过化妆适当弥补，再者就是不使口红越线。画唇线时，嘴应自然放松张开，先描上唇，后描下唇，在描唇形时，应从左右两侧分别沿着唇部的轮廓线向中间画，上唇嘴角要描细，下唇嘴角则要略去。

第二步，选择适当的口红颜色。

职业女性一般不宜选择太过鲜艳的唇膏，颜色太过鲜艳，加上嘴唇较厚，看上去会使人联想到"血盆大口"。选择唇膏时，既可以选彩色，也可以选无色，口红的色彩因年龄、场合、职业，甚至因季节而异。涂唇膏时，应从两侧涂向中间，并要使之均匀而又不超过事先画好的唇线。

第三步，仔细检查口红妆。

口红涂抹完毕后，要用纸巾吸去多余唇膏的油迹，检查牙齿上有无唇膏的痕迹。口红的妆面如图2-7所示。

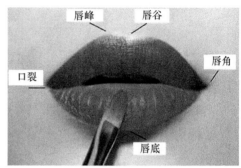

图2-7 口红的妆面

（8）定妆

使用散粉刷或粉扑蘸取少量定妆粉，在脸部按照先局部、再整体的顺序，依次轻轻按压，吸取脸部的多余油脂，使妆面更加牢固。

（9）喷香水

法国著名时装设计师曾这样评价香水："香水是化妆的最后搭配。"香水能掩盖人体不雅的体味，散发清香怡人的香气，诱发人们的最佳视觉和联想效果。

选择香水时应注意：味浓的香水，适合在冬天、晚上使用；而清淡的香水则适宜在夏天、白天使用。

香水适宜涂在动脉跳动处，如耳后、颌下、腕部、膝后等处，不宜涂在手背、额头等暴露部位，也不宜直接涂抹在衣服上、头发上、面孔上及平时易于出汗的地方。

使用香水切忌过量，如用量过多，会给人以不良刺激，往往起不到美饰自己的作用。一般1米范围内能够闻到淡淡的幽香较为合适，若在3米左右的距离内仍可闻到香味就显得过量了。

3. 化妆的禁忌

（1）切忌在公共场合化妆

根据礼仪规范，化妆是一种私人行为，只适用于私下场合。若在大庭广众之前、众目睽睽之下，旁若无人地进行化妆，显然是失礼的，这样做有碍于别人，也不尊重自己。

（2）切忌在异性面前化妆

女士不能当着男士的面化妆，如何让自己更加美丽妩媚应是女性的私人问题，即便是丈夫或男朋友，也应保持距离，从某种意义上看，"距离"产生美。社交场合，当着男士的面化妆，会给人留下轻浮、不自重的印象。

(3) 不可非议他人的化妆

由于个人文化修养、皮肤和种族的差异，每个人对化妆的要求和审美观念是不一样的，不要认为自己的妆容才是最好的。在和他人交往的过程中，即便是很熟悉的好朋友，也不宜主动去为别人化妆、改妆及修饰，这样做就是强人所难和热情过度。

(4) 不要借用他人的化妆品

如确实忘记带化妆盒而又需要化妆，在这种情况下，除非别人主动为自己提供方便，否则千万不要用别人的化妆品。这是极不卫生的，也是很不礼貌的。

(5) 男士使用化妆品不宜过多

目前，男士化妆品日益增多，但男女有别，男士不能使用过多的化妆品，否则会给人带来不良的印象，会给人"男扮女装"的感觉。

2.2 仪态礼仪

【引导案例】

一次某公司招聘文秘人员，由于待遇优厚，应聘者很多。中文系毕业的小张同学前往面试，她的背景材料可能是最棒的：大学四年，在各类刊物上发表了3万字的作品，内容有小说、诗歌、散文、评论、政论等，还为六家公司策划过周年庆典，一口英语表达也极为流利，书法也堪称佳作。小张五官端正，身材高挑、匀称。面试时，招聘者拿着她的材料等她进来。小张穿着职业套裙，涂着鲜红的唇膏，轻盈地走到一位考官面前，不请自坐，随后跷起了二郎腿，笑眯眯地等着问话，孰料，三位招聘者互相交换了一下眼色，主考官说："张小姐，请回去等通知吧。"她喜形于色："好！"挎起小包飞跑出门。

问题：

(1) 小张能等到录用通知吗？为什么？

(2) 假如你是小张你打算怎样准备这次面试？

仪态，又称"体态"，是指人的身体姿态和风度，姿态是人身体所表现的样子，风度则是内在气质的外在表现。英国哲学家培根说过："相貌的美，高于色泽的美，而优雅合适动作的美，又高于相貌的美。"在社交中，仪态是极其重要有效的交往工具，它向人们展示出一个人的道德品质、人品学识、文化品位等方面的素质和能力。有优良的仪态礼仪表情达意，往往比语言更让人感到真实、生动，所以，我们在社交场合中须举止优雅，做到仪态美。

2.2.1 站姿

在人际交往中，站姿是一个人的全部仪态的根本之点。俗话说"站如松"，男子的站姿如"劲松"之美,具有男子汉刚毅英武、稳重有力的阳刚之美,女子的站姿如"静松"之美,具有女性轻盈典雅、亭亭玉立的阴柔之美。保持正确的站姿是具有自信心的表现,会给人留下美好的印象。

一、规范的站姿

站姿的要领是:一是要平,即头平正、双肩平、两眼平视;二是要直,即腰直、腿直,后脑勺、背、臀、脚后跟成一条线;三是要高,即重心上拔,看起来显得高,具体标准如下。

(一)头正

头部抬起,正视前方,脖颈挺直,下颌微收,表情自然,稍带微笑。

(二)肩平

两肩平整,双肩放松,向后下沉,呼吸自然,腰部直立。

(三)臂垂

双臂自然下垂,处于身体两侧,手部虎口向前,手指稍许弯曲,指尖朝下。

(四)腿并

双腿膝盖夹紧,大腿内侧收紧。

(五)脚稳

站正步,脚跟靠拢,脚尖并拢,身体重心落在两脚中间。如图2-8所示,规范的站姿,从正面看主要特点是,头正、肩平、身直;从侧面看,其主要轮廓为含颌、挺胸、收腹、提臀、直腿,使人看起来俊美、挺拔,并可以帮助呼吸,改善血液循环,并在一定程度上减缓身体的疲劳。

图 2-8 规范的站姿

二、不良的站姿

所谓不良的站姿，指的是人们在社交场合中不应当出现的站立姿势，若任其自然不加以克服，往往会在无意之中使本人的形象受损。

（一）身躯歪斜

古人对站姿曾经提出过"站如松"，说明站立之时，以身躯直正为美。在站立时若身躯出现明显的歪斜，不但会破坏人体的线条美，而且还会给人以颓废消沉、萎靡不振、自由放任的印象。

（二）弯腰驼背

弯腰驼背是一个人身躯歪斜时的特殊表现。除腰部弯曲、背部弓起之外，大都还会伴有颈部弯缩、腰部凹陷、臀部挺出等一些其他的不良体态，显得一个人缺乏锻炼，健康不佳，无精打采。

（三）趴扶倚靠

要确保自己"站有站相"就不能在站立时自由、散漫、随便。站立时，不能将身体倚靠、趴伏在墙上，或倚靠其他物品作为支撑点。

（四）脚位不正

不管是采取基本的站姿，还是采取变化的站姿，我们均应切记自己双脚在站立时分开的幅度。在一般情况下双脚分开的幅度越小越好，最好双脚并拢，即使双脚分开，也要注意两者之间的距离不要宽于肩部。

（五）手位不当

手位不当的具体表现有：一是将手放在衣服的口袋之内，二是将双手抱在胸前，三是将两手抱在脑后，四是将双肘置于某处，五是将两手托住下巴，六是手持私人物品。在正式场合站立时，不能下意识地做小动作，如摆弄衣角、咬手指甲等，这样做不仅显得拘谨，而且给人以缺乏自信、缺乏教养的感觉。

（六）全身乱动

在站立时，允许体位略作变动，不过从总体上讲，站立是一种相对静止的体态，因此不宜频繁地变动体位。比如手臂挥来挥去，身躯扭来扭去，腿部抖来抖去等，都会使一个人的站姿变得十分难看。

2.2.2 坐姿

坐姿是一种基本的静态体位，指人们就座时和坐定之后的一系列动作与姿势。正确的坐姿要求"坐如钟"，即坐相要像钟一样端正。正确而优雅的坐姿是一种文明行为，

既能体现一个人的形态美，又能体现其行为美。端庄优美的坐姿，会给人以文雅、稳重、自然大方的美感。

坐姿的基本要求是：腰背挺直，手臂放松，双腿并拢，目视于人。

一、标准坐姿

坐姿包括入座、落座、离座三个过程，每个过程又有相应的基本要求。

（一）入座

入座又称就座，在社交场合，入座时应注意：一是在他人之后入座，二是在适当之处入座，三是在合"礼"之处就座，四是从座位左侧就座，五是向周围人士致意后入座，六是入座时要求保持轻、稳、缓。

入座有如下两种方式：

第一种，侧身走进座椅，从座椅的左侧轻步来到座椅前方，右脚向后撤半步，以小腿轻触座椅边缘为宜，再轻轻落座，一般坐满椅面的1/2～2/3的位置，不要坐满或只坐很少一部分。

第二种，面向座椅，直接走到座位旁，转身后站稳，右脚向后撤半步，用小腿确定座椅的位置，轻稳坐下，收回左脚与右脚并拢。如果女士着裙装，在落座的同时，应用手将裙装下摆收拢一下，不可以落座后再整理衣裙。

（二）落座

落座时上身同站姿一样，要求抬头、正直、舒展，下体依据不同场合的要求形成不同姿态，具体要求如下：

①两眼平视前方，嘴唇微闭，下颌微收；
②两肩平正放松，立腰，挺胸，上身自然挺直；
③双脚并拢，左右大腿基本平行，双膝弯曲成直角，双脚平放在地面上，手轻放在大腿上，男士可在此基础上，膝盖稍分开一拳的距离，双脚分开。

（三）离座

离座前应注意如下事项：一是先以语言或动作向周围的人示意或暗示，请他们做好心理上的准备，二是注意离座次序，在年长或职务高的人之后离座。离座时右脚向后收半步，轻盈站起，站稳后从座椅左侧离座。

二、坐姿的分类

（一）垂直式坐姿

垂直式坐姿（图2-9）是通常所说的"正襟危坐"，在最正规的场合使用，男士、女士均适用。要领是：上身与大腿、大腿与小腿、小腿与脚部都成直角，小腿垂直于地面，双膝、双腿完全并拢。

(二)前伸式坐姿

前伸式坐姿(图 2-10)适用于各种场合,一般为女士所采用,在标准坐姿的基础上,两条小腿向前伸出一脚的距离。按伸出方向可分为正前伸直、左前伸直和右前伸直三种,脚的位置可双脚完全并拢,也可以脚踝交叉,但脚尖不可跷起。

图 2-9　垂直式坐姿　　　　　图 2-10　前伸式坐姿

(三)屈直式坐姿

屈直式坐姿(图 2-11)适合坐在稍微低矮一些的椅子上,是女士常用的非常优雅的一种坐姿。要领是:大腿与膝盖靠紧,右脚前伸,左小腿屈回,并在一条直线上。

(四)重叠式坐姿

重叠式坐姿(图 2-12)也称"二郎腿"或"标准式架腿"等。在垂直式坐姿的基础上,两条腿向前,一条腿提起,腿窝落在另一条腿的膝关节上边,要注意上边的腿向里收,贴住另一条腿,脚尖向下。

(五)分膝式坐姿

分膝式坐姿(图 2-13)适用于一般场合,为男士坐姿。要领是:两膝左右分开,双膝间的距离以一拳为宜,上身正直上挺,双肩正平,两手放在两条腿或扶手上,小腿垂直落于地面,两脚自然分开成 45°。

图 2-11　屈直式坐姿　　　图 2-12　重叠式坐姿　　　图 2-13　分膝式坐姿

三、不雅的坐姿

不雅的坐姿不仅不美观，也会影响身体发育，在较为正式的场合下不雅的坐姿会被视为不懂礼节的行为，几种不良坐姿如下：

①就座时前俯后仰，或是东倒西歪，脊背弯曲，耸肩探头；
②两腿过于叉开，向前伸出去，萎靡不振地瘫坐在椅子上；
③大腿并拢，小腿分开，或双手放在臀下，腿部不停地抖动；
④不可摇腿、跷腿或将两膝分开，社交场合不要跷"二郎腿"。

2.2.3 走姿

正确的走姿要求是"行如风"，即行走动作连贯，从容稳健，走起路来像风一样轻盈，行走时步履应自然、轻盈、敏捷、有力且有弹性。走姿体现的是一种动态美，能直接反映出一个人的精神面貌，表现一个人的风度、风采和韵味，对个人形象的塑造起着重要的作用。

一、规范的走姿

最基本的走姿是使自己的脊背和腰部伸展放松，并使脚跟首先着地。行走时移动的中心是腰部，而不是脚，应当上体前驱，带动脚的移动。

行走时如果不伸直腿，就无法走出漂亮的姿势。因此，在走动时要使膝盖向后方伸直，如果膝盖伸直了，腿也就随之伸直了。

行走时上身挺直，两肩平稳，正视前方，表情自然，面带微笑。腰际以上不要上下或前后摇摆，双臂前后自然摆动的幅度不应大于40厘米，手臂与上身之间的夹角不要超过30度，两手自然弯曲，在摆动中离开双腿不超过一拳的距离。

行走时要收腹立腰，重心稍前倾，两脚尖略为展平，脚跟先着地，两脚内侧落地，挺直上身，不允许摇摇晃晃，走出的轨迹要在一条直线上。

二、走姿的训练

（一）方向正确

在行走时，必须要保持明确的行进方向，尽可能地使自己犹如在一条直线上行走，做到了这一点，往往会给人以稳重之感。具体的方法是行走时应以脚尖正对着前方，所走的路线形成一条虚拟的直线。

（二）步幅适度

步幅又称步度，指的是人们每走一步时两脚之间的正常距离，即人们在行进时脚步的大小，行走中两脚落地的距离大约为一个脚长，即前脚的脚跟距后脚的脚尖以相距一个脚的长度为宜。一般男子每步约40厘米，女子每步约35厘米。

（三）速度均匀

在一定场合下，行走的速度应保持均匀、平衡，不要忽快忽慢。男子每分钟最好为108～110步，女子为每分钟118～120步。在正常情况下，步速应自然、舒缓，显得成熟、自信，遇有急事，可加快步速，但尽量不要奔跑。

（四）重心放准

起步之时，身体须向前微倾，身体的重心要落在前脚掌上，脚跟先接触地面，依靠后腿将身体重心推送到前脚脚掌，使身体前移。切勿让身体的重心停留在后脚上。

（五）身体协调

人们在行进时，身体的各个部分之间必须进行完美的配合，走动时要以脚跟首先着地。膝盖在脚部落地时应当伸直，腰部要成为重心移动的轴线，双臂要在身体两侧一前一后地自然摆动。

三、不良的走姿

真正要掌握好标准的走姿，要求人们对一些常见不良走姿有所认识，并且尽量避免，常见的不良走姿如下：

① 行进中摇头晃脑或左顾右盼。
② 身体重心太过前倾，使人看上去步态不稳，身体重心太过靠后，则给人抱着步子走的感觉。
③ 走路时走成"内八字"或"外八字"，会引起步态的晃动，极不雅观。
④ 走交叉步时，幅度不要过大，更不得扭腰，臀部摆动应自然。
⑤ 两手摆动应自然，不要将两手贴着裤缝走路，这样会使步态显得僵硬，也不要将双手插在衣裤口袋里，或是背着手，或是低头驼背。

2.2.4 蹲姿

蹲姿是由站立的姿势转变为两腿弯曲、身体的高度下降的姿势。

一、正确的蹲姿

当要下蹲取物时，上体尽量不要弯曲，两腿合力支撑身体，靠紧向下蹲，女士无论采用哪种蹲姿，都要将腿靠紧，臀部向下，举止自然、得体、大方、不造作，才能体现出蹲姿的优美。

（一）高低式蹲姿

高低式蹲姿（图2-14）是人们平日所用最多的一种蹲的姿势。其基本特征是双膝一高一低，下蹲时，双脚不是并排在一起，而是左脚在前，右脚稍后。左脚应完全着地，小腿基本上垂直于地面，右脚则应脚掌着地，脚跟提起，此刻右膝低于左膝，右膝内侧可靠于左小腿的内侧，形成左膝高、右膝低的姿势。女性应靠紧双腿，男性则可适度地将其分开，臀部向下，基本上以右腿支撑身体，男士在选用这一方式时，往往更为方便。

（二）交叉式蹲姿

交叉式蹲姿（图2-15）通常适用于女性，尤其是身穿短裙的女性，它的主要优点是造型优美典雅，它的基本特征是蹲下去之后双腿交叉在一起。基本要求是：下蹲时，右脚在前，左脚在后，右小腿垂直于地面，前脚着地，右腿在上，左腿在下，二者交叉重叠，左膝由后下方伸向右侧，左脚脚跟抬起，并且脚掌着地，两腿靠紧，合力支撑身体。

图 2-14　高低式蹲姿

图 2-15　交叉式蹲姿

二、蹲姿注意事项

蹲姿的注意事项如下：

①不要突然下蹲，蹲下的时候，速度切忌过快；

②下蹲时注意不要有弯腰、臀部向后翘起的动作；

③不要两腿叉开下蹲，下蹲时不能露出内衣裤，当要拾起落在地上的东西或拿起低处物品的时候应先走到要捡或拿的东西旁边，再使用正确的蹲姿，将东西拿起；

④有他人在身边，朝下蹲时，不要正面面对他人，或者背部面对他人，这些都是不礼貌的，最好是与之侧身相向；

⑤不要蹲在椅子上，我国部分省份有"椅子不坐蹲起来"的生活习惯，但在社交场合这么做，自然是难以被接受的。

2.2.5　表情

表情是指一个人通过面部形态变化所表达的内心思想感情。人们相见时，给人印象最深的就是脸，脸是一张反映自己生理和情感状况的"明细表"。表情可以真实反映人们的思想、情感及其心理活动变化,而且表情传达的感情信息要比语言巧妙得多。它包括脸色的变化、肌肉的舒展以及眉、鼻、嘴等的动作。因此,一个能够巧妙地运用自己眼神、面部表情的人,也是善于塑造自我形象的人。

一、眼神

眼神指的是人们在注视时,眼部所进行的一系列活动以及所呈现的神态。眼睛是心灵的窗户,目光接触,是人类最能传神的非语言交往,是非常富有表现力的,比语言更有效。所以人们常说,"眼睛会说话",眼能传神,自然地传递着思想感情。

人们在学习、训练眼神时,应当注意以下几个问题:

(一) 注视的时间

在交谈过程中,有些人让人感觉舒服,有些人则令人不自在,甚至让人感觉不值得交往。这与注视的时间长短有一定的关系,看的时间长表示较重视,反之表示不太重视。与对方目光接触的时间一般以和他相处的总时间的1/3为宜,如果超过了这个时间,要么被认为彼此吸引,要么被认为对其怀有敌意。因此对于陌生的人,不要长时间地盯着对方的眼睛,让对方产生恐惧和不安感。如果双方很投缘,可以一直注视对方,表达愿意交往的意向,以建立良好的关系,这样,一般要有60%以上的时间注视对方。如果谈话时心不在焉,东张西望,或是由于紧张、羞怯而不敢正视对方,目光注视时间不到整个谈话时间的1/3,那一定不容易被人信任。

(二) 注视的角度

注视别人时,目光的角度能表现出与交往对象的亲疏远近,注视的角度有正视、仰视、俯视之分。

①正视:即在注视他人时,与之正面相向,同时还将上身前部朝向对方,正视对方是交往中的一种基本礼貌,其含义是表示重视对方。

②仰视:即在注视他人时,所处位置比他人低,而需抬头仰望对方,以表示尊敬、敬畏对方,适用于对尊长,可给对方重视信任之感。

③俯视:即向下注视他人,既可表示对晚辈的宽容、怜爱,也可表示对他人的轻慢、歧视,在社交场合中,尽量少用俯视的眼神。

另外,当对方缄默不语时,就不要看着对方,否则容易导致冷场的尴尬局面。当对方说了错话或显得拘谨时,不要马上转移自己的视线,否则会被误认为是对他的讽刺和嘲笑。

(三) 注视的部位

从目光所注视的部位,反映出如下三种人际关系状态。

①视线停留在两眼与胸部之间的三角形区域,称为亲密注视。

②视线停留在双眼与嘴之间的三角形区域为社交注视,是社交场合常见的视线交流位置。

③视线停留在对方前额的一个假定的三角形区域，为严肃注视，这种注视方式能造成严肃气氛，使对方感觉到我们郑重的态度和合作的诚意。

在人际沟通中，运用眼神要注意根据关系亲密程度来确定视线停留位置，也可以依据语境、场合来确定。如社交场合用社交注视，领导找下属谈话则用严肃注视，朋友之间的交谈则使用亲密注视等，要特别注意不要盯住对方的某一部分"用力"地看，这是愤怒的最直接表示，有时也暗含挑衅之意。

二、微笑

在社交活动中为了表示对交往对象的友好与尊重，交往双方的最佳表情应是面带微笑。微笑的核心在于笑，所谓笑，即人的脸部呈现出愉快、欢乐的神情。微笑时，传达的信息常能促进双方沟通，加深双方的感情。微笑，它同眼神一样是无声的语言，是人们愉快感情的心灵外露，是善良、友好、赞美的象征。微笑加优雅的举止，比声音更具魅力，可收到"此处无声胜有声"的效果。

（一）微笑的作用

1. 调节情绪

微笑，是积极、乐观的一种情绪。在各种场合中以微笑面对于人，既可以创造出一种和谐融洽的现场气氛，又可以感染对方，使其倍感愉快和温暖，并在一定程度上驱散其烦恼或忧郁。人际交往的障碍之一就是戒备心理，尤其在一些重要的交际场合，人们的心理防线构筑得更加牢固，生怕由于出言不慎而带来麻烦。于是有人干脆不开口，或者尽量少说话，这就使沟通出现障碍，在这种情况下，微笑可以化解双方的心理防线，互相产生信任和好感。

2. 消除隔阂

微笑是友谊之桥，我国民间有两句人所共知的老话"举手不打笑脸人""一笑泯恩仇"，讲的就是微笑所具有的化干戈为玉帛的作用。在一般情况下，当人与人之间产生纠葛时，一方若能以微笑面对另一方，便不会进一步激化矛盾，有时还可以使双方的矛盾和误解冰雪消融。

3. 在人际交往中留下良好的印象

微笑是人际交往中的一种润滑剂，微笑是世界各民族领会得最快最好的一种情感。在国际惯例中，微笑普遍的含义是接纳对方，热情友善。它不仅在外观上给人以美感，而且还会使交往对象倍感和蔼可亲，乐于接近。因此，我们在人际交往中，若能始终面含微笑，以微笑开始，以微笑结束，必然能给对方留下良好的第一印象。

4. 有益身心健康

微笑不仅可以悦人，而且还可以益己。微笑在营造良好人际关系的同时，有助于促进个人的身心健康，人们经常讲"笑一笑，十年少，愁一愁，白了头"，笑口常开的人，往往心怀坦荡，身体健康。

（二）微笑的基本方法

微笑不仅容易给人以吸引力，而且具有实用价值，正确运用微笑的方法如下：

1. 掌握微笑要领

面含笑意，在一般情况下，微笑时，是不闻其声，不见其齿的。微笑的基本方法是：先要放松自己的面部肌肉，然后使自己的嘴角微微向上翘起，让嘴唇略显弧形。最后，在不牵动鼻子、不发出笑声、不露出牙齿或不露出牙龈的前提下微笑。

2. 注意整体配合

真正成功的微笑，还需注意面部其他各部位的相互配合，微笑其实是面部各部位的综合运动。

（1）整体协调配合。通常，一个人在微笑时，应当目光柔和，双眼略微眯大，眉头自然舒展，眉毛微微向上扬起，这就是人们通常所说的"眉开眼笑"。

（2）与神情、气质的结合，笑的时候要精神饱满，神采奕奕，要笑得亲切、甜美。

（3）与语言的结合，在人际交往中，甜美的微笑要伴以礼貌的语言，二者相映生辉。如果脸上微笑，却语言粗野、出言不逊，微笑就失去了意义，如果语言文明、礼貌，却面无表情，也会令人怀疑是否有诚意。

（4）与仪表、举止的结合，端庄的仪表、适度的举止，是人们在社交场合的基本要求，再加以自然、适度的笑容，就能形成统一、和谐的美。

3. 力求表里如一

真正的微笑，是需要发自内心的，渗透着一定的情感的微笑，才真正具有感染力，否则就成了"皮笑肉不笑"。微笑一定要有一个良好的心境与情绪作为前提，否则，将会陷入牵强而笑的尴尬境地。

（三）微笑的训练

掌握微笑的动作要领，要发自真心且有诚意。微笑既不是曲意奉承、强颜作笑，也不是例行公事似的皮笑肉不笑，或是笑得夸张、放肆。微笑时要亲切自然，使人如沐春风，它要求微笑出自内心、发自肺腑，而无任何做作之态，只有这样才能使人感到轻松和愉快。

虽然微笑是出自真诚、发自内心的，但后天的训练也非常重要，对一些性格内向、羞涩或内敛的人而言，要经常保持微笑确实需要一个过程。

①情绪及记忆法，多回忆美好往事，即使遇到不如意、悲伤、辛酸的事情，也要提醒自己"保持笑容"。

②他人诱导法，面对镜子，矫正笑姿，镜中的自己要保持正确的站姿和坐姿，微笑是轻快自然的，切忌矫揉造作、皮笑肉不笑。

③发声训练法，面对镜子，深呼吸，然后慢慢地吐气，并将嘴角两侧对称往耳根部提拉，发出"一"和"七"的声音。

④携带卡片法，经常在自己的皮夹中放一张写有微笑的卡片，一直携带着它，随时随地提醒自己保持微笑。

以上是外部训练，最根本的方法还是培养豁达乐观的性格，积累丰富学识，以增强自身修养，提高自己的气质。

2.2.6 手势

手势是人际沟通时不可缺少的体态语,指的是人们在运用手臂时所表现的具体动作与体位,在现代社会拥有很高的使用范围及频率。在人际交往中,适当运用手势来辅助语言传情达意,有时会产生意想不到的效果。

一、手势的基本要求

人们在社交场合中对手势运用的基本要求是自然优雅,规范适度。

(一)使用规范化手势

在人际交往中,手势的运用要合乎规范与礼仪。规范的手势应当是:手掌自然伸直,掌心向前上方,五指并拢,手腕伸直,使手与小臂成一条直线,肘关节自然弯曲。大小臂的弯曲以140°为宜,运用手势时,要讲究动作柔美、流畅,避免僵硬,同时要配合眼神、表情和其他姿态,使手势显得协调大方。

(二)手势运用要适度

手势运用不宜过多,幅度不宜过大,适度的手势可增强感情的表达,在人际交往中起到锦上添花的作用。在正常情况下,人们的手势宜少不宜多,反复地使用同一种手势会使人感到单调、厌烦。多余的手势,既不能表达自己的思想感情,也毫无美感可言,只能起到画蛇添足的作用。而滥用手势,不仅会使对方曲解,甚至还会给人不稳重、缺乏教养的感觉。在社交场合,还应注意手势的大小幅度,手势的上限一般不应超过对方的视线,下限不低于自己的胸区。左右摆动的范围不要太宽,应在胸前或右方进行(指右手)。此外,用尖利的锐器指点别人也是不礼貌的,如筷子指着别人会显得非常不友善和不礼貌。

(三)注意区域性差异

同样一种手势,在不同的国家、不同的地区可能有不同的含义,千万不能乱用,以免闹出笑话、造成误会。如伸出一只手,将食指和大拇指搭成圆圈,美国人用这种手势表示"OK",是"赞扬和许诺"之意,在印度,表示"正确";在泰国,表示"没问题";在日本、缅甸、韩国,这一手势代表"金钱";在法国,通常表示"微不足道"和"一文不值";在巴西、希腊和意大利的撒丁岛,这是一种令人厌恶的污秽手势;在马耳他,则是无声、恶毒的咒骂。因此,在使用手势时应谨慎小心。

二、常用的手势

(一)招呼别人

招呼别人,在此主要是指呼唤远处的人,对其进行引导,或为其指示方向。招呼别人正确的做法有以下两点,一是要使用手掌而不能仅用手指;二是要掌心向上,而不宜掌心向下。根据手臂摆动姿势的不同,它大体分为下述几种形式。

(1) 曲臂式。表示右手五指伸直并拢,从身体的侧前方,由下向上抬起,上臂抬至离开身体45°的高度,肘部微弯曲,加以上身略前倾,请来宾进去。

(2) 前摆式。如果右手拿着东西或扶着门,需要向宾客作向右"请"的手势时,可以用前摆式,做法是:五指并拢,手掌伸直,由身体一侧自下向上抬起,以肩关节为轴,到腰的高度再向身前右方摆去,摆到距身体15厘米,不超过躯干的位置时停止,目视来宾,面带笑容,也可双手前摆。

(3) 横摆式。在表示"请进""请"时手掌用横摆式,做法是:五指并拢,手掌自然伸直,手心向上,肘微弯曲,腕低于肘,开始做手势应从腹部之前抬起,以肘为轴轻缓地向一旁摆出,到腰部并与身体正面成45°时停止,头部和上身微向伸出手的一侧倾斜,另一只手下垂或背在背后,目视宾客,面带微笑,表现出对宾客的尊重、欢迎。

(4) 双臂横摆式。当来宾较多时,表示"请"可以动作大一些,采用双臂横摆式,做法是:两臂从身体两侧向前上方抬起,两肘微曲,向两侧摆出,指向前进方向一侧的臂应抬高一些,伸直一些,另一手稍低一些,曲一些。

(5) 斜摆式。请客人落座时,手势应摆向座位的地方,做法是:手要先从身体的一侧抬起,到高于腰部后,再向下摆去,使大小臂成一条斜线。

(6) 直臂式。需要给宾客指方向时,采用直臂式,做法是:手指并拢,手掌伸直,屈肘从身前抬起,向指引的方向摆去,摆到肩膀的高度时停止,肘关节基本伸直,注意指引方向时,不可用一个手指指示,那样显得不礼貌。

(二) 手持物品

人们在手持物品时,应做到稳妥、自然、到位。稳妥是指手持物品时,可根据其具体的重量、形状以及易碎与否,采取不同的手势,可以使用双手,也可以只用一只手。但是,最重要的是要确保物品安全,同时要防止伤人和伤己。自然指的是手持物品时,一定要避免手势夸张,失之于自然美,到位是指拿取物品时,手要放在合适的位置上。例如,箱子应当拿其提手,杯子应当握其杯壁,炒锅应当持其手柄,持物时手不能到位,不但不方便,而且也不美观。

(三) 递接物品

1. 递送物品

递送物品时,以双手为宜,不方便双手并用时,应以右手递物。递给他人的物品,以直接交到对方手中为好,不到万不得已,最好不要将所递的物品放在别处。若双方相距过远,递物者理当主动上前,走近接物者,假如自己是坐着的话,应尽量在递物时起身站立为好。在递物于人时,应为对方留出便于接取的地方,不要让其感到无从下手。通常情况下,将带有文字的物品递交他人时,还须使之正面朝向对方,将带尖、刃或其他易伤人的物品递给他人时,切忌以尖、刃直指对方。

2. 接取物品

接取物品时应注视对方，而不要只顾注视物品，当对方递过物品时以手前去接取，而切忌急不可耐地直接从对方手中强取物品。

3. 举手致意

举手致意也称挥手致意，多用于向他人表示问候、致敬、感谢之意，既可悄然无声地进行，也可以伴以相关的言辞。举手致意的正确做法应该全身直立，面向对方，至少上身和头部要朝向对方，面带笑容，致意时应当手臂自下而上向侧上方伸出，手臂既可略有弯曲，又可全部伸直，掌心向外，即面向对方，指尖朝向上方，千万不要忘记伸开手掌。

4. 挥手道别

挥手道别是与人互道再见时常用的手势，采用这一手势时，首先是身体站直，尽量不要走动、乱跑，更不要摇晃身体；其次应目视对方，手势即使再标准，不看道别对象，也会被对方理解为"目中无人"。挥手告别时，可以用右手，也可双手并用但要使手臂尽力向上、向前伸出，掌心向外，指尖向上，手臂不要伸得太低或过分弯曲。双手道别时，则应将双手同时由外侧向内侧来回挥动，只伸出双手而不进行挥动。这犹如"投降"一般，给人以不舒服的感觉。

三、错误手势

1. 指指点点

在社交场合，不允许随意用手指对着别人指指点点。用手指指点别人，本来就失之于恭敬，假如用手指指点对方的面部尤其是其鼻尖，则更是大不敬。

2. 随意摆手

不可以将一只手臂伸到胸前，指尖向上，掌心向外，左右摆动，这些动作一般含义是拒绝别人，有时还有极不耐烦之意。

3. 端起手臂

双臂抱起，然后端在胸前的姿势往往暗含孤芳自赏、自我放松或是置身事外、袖手旁观、看他人笑话之意。

4. 不雅动作

在社交活动中，应尽量避免与手势有关的不雅习惯，如摆弄手指、摸脸、擦眼、剔牙、抓痒、搔头、挖鼻、搓泥，这会给人留下缺乏公德意识、不讲究卫生、个人素质极其低下的印象。

在社交活动中，仪态被视为"第二语言"，也称为"副语言"，在人际沟通中用优美的体态语言，比用口头语言更让对方感到真实、生动和容易接受。

【小阅读】

"你的微笑征服了我"

在一家酒店，一位住店台湾地区的客人外出时，有一位朋友来找他，要求进他房间去等。由于客人事先没有留下话，总台服务员没有答应其要求，台湾客人回来后十分不悦，跑到总台与服务员争执起来。公关部年轻的王小姐闻讯赶来，刚要开口解释，怒气正盛的客人就指着她鼻子尖，言词激烈地指责起来。当时王小姐心里很清楚，在这种情况下，勉强做任何解释都是毫无意义的，反而会招致客人情绪更加冲动，于是她默默无言地看着他，让他尽情地发泄，脸上则始终保持一种友好的微笑。

一直等到客人平静下来，王小姐才心平气和地告诉他酒店的有关规定，并表示歉意。客人接受了王小姐的劝说，没想到后来这位台湾客人离店前还专门找到王小姐辞行，激动地说："你的微笑征服了我，希望我有幸再来酒店时还能有这么美好的微笑接待我。"

2.3 服饰礼仪

【引导案例】

小刘和几个外国朋友相约周末一起聚会娱乐，为了表示对朋友的尊重，星期天一大早，小刘就西装革履地打扮好，对照镜子摆正漂亮的领结前去赴约。北京的8月天气酷热，他们来到一家酒店就餐，边吃边聊，大家好不开心快乐！可是不一会儿，小刘已是汗流浃背，不住地用手帕擦汗。饭后，大家到娱乐厅打保龄球，在球场上，小刘不断为朋友鼓掌叫好，在朋友的强烈要求下，小刘勉强站起来整理好服装，做好投球准备，当他摆好姿势用力把球投出去时，只听到"嚓"的一声，上衣的袖子扯开了一个大口子。

问题：

小刘的着装有什么不妥之处？

2.3.1 着装的基本原则

服饰世界是五彩斑斓的，每个人因文化背景、身份地位的不同，会有不同的服饰喜好和打扮方式。但随着社会文明的发展，服饰也根据人们的审美观及审美心理的发展变化规律，形成了一些基本的、可循的原则。

一、整洁原则

服饰整齐干净，这是着装的一个最基本的原则，也是最重要的礼仪，一个穿着整洁的人总能给人以积极向上的感觉，并且也表示出对交往方的尊重和对社交活动的重视。衣着整洁，除了体现对相互交往的重视程度，还显示出交往的文明与修养的水平，整洁原则并不意味着时髦和高档，只要保持服饰的干净合体、全身整齐有致即可。

二、和谐原则

和谐原则是指着装的协调得体，即选择服装时不仅要与自身体型相协调，还要与自己的年龄、肤色相配，以协调得体的服饰，体现出个人着装的神韵。服饰是一种艺术，不论是谁，只要根据自己的特点，用心地去选择适合自己的服饰，就能掩盖自身的某些不足，让服饰尽显自己的风采。

2.3.2 男士着装的要求

男士着装应始终遵循上述整洁、和谐、合体等着装原则，在服装式样上忌轻佻，色彩搭配上忌杂乱鲜艳，质地上忌粗糙，无论在什么场合、穿什么服装，一定要注意服装必须干净整洁、熨烫平整，不应有污迹。

一、西装着装的要求

西装源于欧洲，是目前全世界最流行的一种男士服装（图2-16），也是男士普遍用于社交场合的服装。西装典雅高贵，穿在男士身上，会使之显得风度翩翩，但是穿西装是有相当严格的要求的，如果穿着不得体或不合规范，不仅达不到应有的效果，而且会有损自己的公众形象。一般来讲，正装西装适合在正式场合穿着，其面料多为毛、呢等高档面料，颜色多为单色的黑、深蓝、深灰等暗色的，款式庄重保守，并且基本上都是套装。

图2-16 男士西装

（一）西装上衣

西装纽扣是区分西装款式、板型的重要标志，能否正确扣好西装的纽扣，直接反映出对西装着装礼仪的把握尺度。

单排二粒扣西装，扣子全部不扣表示随意轻松，扣上面一粒表示郑重，全扣上是不合礼仪的，显得土气无知。单排三粒扣西装，扣子全部不扣表示随意轻松，只扣中间一粒或扣上面两粒，表示郑重，全扣不合礼仪。

就座之后，西装上衣的纽扣则要解开，以防其走样。起身站立时，西装上衣的纽扣应当按规定系上，以示郑重其事，双排扣西装的纽扣可全部扣上，表示庄重，也可以只扣上面一粒，表示轻松、时髦，但不可一粒都不扣。西服的外侧口袋，包括手巾袋和两侧的口袋，都是属于装饰性的口袋，不宜放置物品，小件物品应放在西服的内侧口袋中。

（二）西裤

正式的西装必定是有西裤相配的套装，西裤在穿着时也有一些需要注意的问题。西裤的外形没有太大的变化，标准的西裤长度为裤管盖住皮鞋，裤脚盖过鞋面2～3厘米，从后面看刚好到鞋跟中部或鞋跟黏合处，在走动、坐下时以不露出袜子为宜。西裤的裤腿一般接近直筒型，并有明显的裤线，裤线需烫得正、平、直，自然地垂到鞋面，这样才能体现西裤挺括的质感。穿西裤时一定要系皮带，否则会显得很失礼，裤兜里最好不要放东西。

（三）衬衫

在西装内穿衬衫是标准的西装着装。和西装一起穿的衬衫，一般是纯棉、纯毛制品为主的长袖正装衬衫，或以棉、毛为主要成分的混纺质地。正装衬衫必须是单一色，白色是最好的选择，正装衬衫大体上以没有任何图案为佳，细竖条纹衬衫在普通商务活动中也可以穿着，而印花、格子等图案的衬衫都不是正装衬衫。

正装衬衫的领型多为方领、短领和长领，选衬衫的时候，要兼顾自己的脸型、脖长以及领带结的大小。衬衫领子应挺括、平整，以能插进两根手指，脖子不感到挤压为宜，领边应高出西装领边1～2厘米，衬衫袖子应比西装袖子长1～2厘米，下摆必须扎进裤子里。衬衫配领带时，应把所有的扣子扣上，若不系领带，衬衣的领口应敞开，不能将衬衫袖子卷起，衬衫内不穿棉纺或毛织的背心、内衣，在寒冷的冬季，也只宜穿一件薄的"V"形领的单色羊毛衫或羊绒衫。

（四）领带

穿西装套装必须打领带，领带是西装的灵魂，是男士西装最抢眼的饰物。好的领带，是用真丝或者羊毛制作成的，那种简易的"一拉式"领带，不适合在正式场合使用。领带的造型品种繁多，长度和宽度都有不同的款式，一般下端为箭头的领带比较传统正规，下端是平头的领带显得时尚随意一些。领带的宽度并无一定的规则，基本上领带的宽度与西装翻领的宽度要配合得十分和谐。领带的图案、颜色也很多，最常见也是最实用的款式，就是完全没有图案或花样的领带，即单色领带，一条单色领带能够与任何款式的西装或衬衫搭配。其他流行的款式如圆点式、斜条式、方格式、花卉式和涡旋式等，可根据实际情况搭配。领带、西装、衬衣的三者和谐是最重要的，领带和西装、衬衣的颜色要相互映衬，才会有层次感。譬如，宝蓝底色与纯白圆点图案的领带，可配蓝色西装和白色衬衣，因为西装与领带底色一致，衬衣的白更能映衬领带上的白。

领带的扎法一般原则是：衬衣的领角越大，领带结扎得越大；领角越尖，领带结扎得越小；领带中庸，相应领带结也扎得适中。扎好的领带，长度以不超过皮带为佳。

常见的扎法有以下几种：

（1）平结。平结是男士们选用最多的领带打法之一，几乎适用于各种材质的领带，完成后领带打法呈斜三角形，适合窄领衬衫。其要诀是，结下方所形成的凹洞需让两边均匀且对称。

（2）交叉结。适用于颜色素雅且质地较薄的领带。按步骤打完领带是背面朝前的，特点在于打出的结有一道分割线，喜欢展现流行感的男士不妨多使用"交叉结"。

（3）双环结，质地细致的领带搭配双环结，颇能营造时尚感，适合年轻的上班族选用。这种领结的特色就是第一圈会稍露出于第二圈之外，千万别刻意给盖住了。

（4）温莎结，温莎结是因温莎公爵而得名的领带结，是最正统的领带打法。温莎结要避免质料过厚的领带，领结也勿打得过大，打出的结成正三角形，饱满有力，适合搭配宽领衬衫。

（5）双交叉结，多运用在素色且丝质领带上，容易让人有种高雅且隆重的感觉，适合正式之活动场合选用。

（6）简式结，因流行于18世纪末的英国马夫中，也称马车夫结。这种领带结非常紧，适用于质地较厚的领带，打在标准式及扣式领口衬衫上，简单易打，非常适合在商务旅行时使用。

（7）四手结，四手结是最便捷的领带系法之一，通过四个步骤就能完成打结，故名为"四手结"。适合宽度较窄的领带，搭配窄领衬衫，风格休闲，适用于普通场合。

（五）配套的鞋袜、皮带

选择和西装配套的鞋子，只能选择深色、单色的皮鞋。黑色牛皮鞋和西装最般配，磨砂皮鞋、翻毛皮鞋都不适合，正式场合系带皮鞋是最合适的，应当没有任何图案、装饰。和西装、皮鞋相配套的袜子最好是纯棉、纯毛的和深色、单色的袜子。黑色比较正规，不要穿白袜子，袜子长度的原则为宁长勿短，不可露出袜口。深色西装可配深色皮带，浅色西装则深、浅的皮带都配得上。此外，皮带的颜色一般应与皮鞋协调。

二、中式正装的着装要求

中式男正装主要是指中山装。辛亥革命后，孙中山先生认为中国人应有自己的服装，于是他设计出了样式，由荣昌祥服装店的著名裁缝黄隆生师傅裁剪制作出中山装。中山装能凸显男人沉着稳健、大方儒雅之气，成为极具中国民族特色的男士服装。

中山装既具有西式服装潇洒合身的特点，又有中式服装朴实典雅的特点。上下身同色同质，关闭式八字形领口，前门襟正中五粒明纽扣，上衣四个明口袋，左右上下对称，有盖钉扣，裤子有三个口袋，两个侧裤袋和一个带盖的后口袋，挽裤脚。正式场合的中山装，一般选用沉稳的灰色、藏蓝色，面料选择毛、呢质地。穿着中山装时，应将领口扣、风纪挂钩、前襟五粒纽扣、盖袋扣全部扣好，切忌为一时的舒适而敞开领扣。中山装虽有多个口袋，但正式场合也不宜放置过多物品，裤子的着装规范与西裤基本相同，穿中山装要配黑色系带皮鞋。

三、休闲服着装

（一）休闲服的着装要求

现代男子多讲究随意潇洒，希望自己是富有个性的，随之应运而生的就是男子休闲服的崛起。男士的休闲服以棉麻织物居多，强调一种返璞归真、回归自然的风格，可以是全棉的运动衫、毛衣、夹克衫、T恤衫等，能与任何休闲裤子搭配。休闲服适合外出游玩、上班、会朋友时穿着，在一些宴会、招待会等正式的场合，穿着休闲服就不太适宜。休闲服的穿着打扮应讲究统一和谐，切忌上身传统、下身休闲，不伦不类。穿着休闲服时，一般配穿休闲皮鞋或旅游鞋，如穿正统皮鞋是不合适的。

（二）夹克衫的着装要求

夹克衫是目前最流行、最随意、年龄跨度最大的一种基本的男子休闲服饰，其特点是随意、潇洒、大方、实用性强。

男子夹克款式多样，质地不一，应根据年龄、肤色、季节等选择合适的夹克。一般而言，冬季男子夹克以质厚保暖为主，颜色以深暗色为好，春秋季宜选薄的颜色稍淡雅的夹克。夹克长度一般比西装和中山装短些，宽度比西装稍大些，穿夹克时，以双手伸展自如为原则，穿夹克不能盖住整个臀部，长度从腰以下、臀部一半以上为好。穿夹克时，宜选择合适的长裤，夹克可以配西裤、牛仔裤或便裤，但裤管不宜过于肥大，尤其是矮小的男子，裤子更不应太肥、太大。但小裤脚的长裤也不适合配夹克穿，穿夹克时，可以配穿休闲皮鞋或旅游鞋。

2.3.3 女士着装的要求

女士服饰丰富多彩，比男子讲究的余地要大得多。女性不仅要借服饰来显示自己美好的体态，还要通过服饰表现自己的修养和品位。随着社会的发展，女性更多地参与到各项社会实践工作中，对其职业性的着装也有很高的要求。

一、西服套裙的着装要求

如果说西服套装是男士的最佳"正装"，那西服套裙就是职业女性在职场和一般正式场合的最好选择，套裙最能体现女性的魅力，能恰到好处地显示出女性的体态与风采。套裙不像时装每年追逐新潮，它的整体外形差别不大，主要讲究合身得体。套裙的面料质地多样，但一般应选择高档的面料，如全毛、薄呢、亚麻等，面料应当平整、光滑、挺括。套裙有两件套和三件套之分，两件套为西服上衣加一条半裙，三件套外加一件背心，以两件套裙最为常见。

（一）西服上衣

套裙的上装以西服式样居多，但在上衣的衣领、袋盖、袖口、衣襟、衣摆和裙子的开衩、收边等细节上，显现出不同的风格变化，可以说都是在细致之处见风格。上衣长短没有明确规定，根据体型、款式等，以和谐合适为标准，一般认为上衣不宜过长，恰当的长度能更好地体现女性修长的体态。

（二）半裙

套裙的下身裙子一般为窄裙，裙子剪裁式样凸显女性体态，不添加过多的装饰物。

裙子的长短也没有明确规定,一般在膝盖上下2~3厘米,年轻女性的裙子下摆可在膝盖以上3~6厘米,但不宜过短,中老年女性的裙子则应选择下摆在膝盖以下3厘米左右。真皮或仿皮的西装套裙不宜在正式场合穿着。

(三)衬衫的搭配

穿西服套裙(图2-17)时,要内穿一件衬衫。女性衬衫的款式很多,与套裙相配的衬衫应避免款式新奇夸张,衬衫上最好不要有图案,宜选择雅致端庄的款型与色彩。衬衫最好为丝绸面料,纯棉衬衫必须熨烫平整。衬衫要合体舒适,穿着时衬衣下摆必须掖入裙腰之内,不得任其悬垂于外,也不能将其在腰间打结,衬衫之内应当穿着内衣且内衣不能显露出来,专门搭配套裙的衬衫在公共场合下不宜直接外穿,身穿紧身而透明的衫时,要特别注意这一点。

图2-17 女士西服套装

(四)鞋袜的搭配

穿套裙的时候,要有意识地注意一下鞋、袜、裙之间的颜色是否协调,穿套裙时宜配正规的高跟、半高跟的船型皮鞋或盖式皮鞋。深色套裙搭配黑色皮鞋为佳,浅色套裙也可配白色皮鞋,或者是搭配与套裙颜色一致的中、高跟皮鞋,系带式皮鞋、丁字式皮鞋、皮靴、布鞋、凉鞋、休闲鞋都与套裙不配。

袜子是女性腿部的时装,穿套裙应配穿长筒或连裤丝袜,颜色以肉色为宜。套裙的色彩必须深于或同于袜子的色彩,不可配色彩艳丽、有图案的丝袜,且袜口不得短于裙摆边,暴露袜口是缺乏服饰品位的表现。所以中筒袜、低筒袜绝对不要和套裙同时穿着,要注意不能穿着跳丝破损的丝袜,丝袜的大小松紧要合适。尤其要注意,女士不能在公众场合整理自己的长筒袜,应随身携带一双备用的丝袜,以防袜子跳丝或破损。

二、旗袍的着装要求

旗袍是中国独特的、富有民族风格的传统女装,其原型是清朝旗装,民国时开始改良流行,至今不衰。旗袍用流畅的曲线,十分贴切自然地勾勒出女性躯体的线条,造型简练、端庄秀丽。高领斜襟,是旗袍的神来之笔,下摆的开衩,在严谨中透出轻松活泼,并便于行动,充分体现出含蓄温婉的东方神韵。

(一)面料的选择

制作旗袍的高档面料主要是真丝系列面料,传统织锦缎的使用率也很高,这些面料在社交场合使用,典雅高贵,不失雍容华美。日常穿着可选用全棉、丝绸或涤棉细布,选用小花、条格等图案,制作出的旗袍,既朴素大方,又温柔稳重。当然,面料的选用跟穿着季节也有很大关系,夏季旗袍宜选用棉布、绸缎、麻纱等面料,秋冬季节可选用锦丝绒、五彩缎等面料。选择华丽的面料做成的旗袍，其"惊艳"程度绝对不亚于西式晚礼服，女士在参加正式晚宴时，可以穿着。

（二）尺寸的合身

旗袍不同于连衣裙等其他女装服装，旗袍是合身要求极高的服装。在尺寸大小上要求十分严格，否则将会失去旗袍的独到之处。穿着旗袍前，首先要准确测量出自己的"三围"，按尺寸选择合适的衣服试穿，并观察旗袍与身体的肩、胸、腹、臀等各个重点部位是否服帖、舒适，其次还必须检查领子、衣长、袖长等细节之处，以求精准。

（三）款式的设计

随着社会的发展，现代旗袍的款式也有了很多。旗袍的款式主要体现在领口、袖子、开衩等处设计上的变化。比如，从袖子的区别来说有长袖旗袍、短袖旗袍和无袖旗袍，从领口的区别来说有立领旗袍、立领胸前镂空旗袍和 V 领旗袍，下摆开衩的位置也有高有低。女性应根据着装的基本原则，结合自身的情况来设计、选择款式。如在秋冬季出席正式的场合，可以设计成长袖、立领，长度到脚面的旗袍，而春夏日常穿着则可以选择短袖、V 领，长度在膝盖下面的旗袍。

（四）鞋子、饰物的搭配

虽然是中式的着装，穿旗袍也不能忽视皮鞋的选择。在正式场合，宜穿与旗袍颜色相同或相近的高跟或半高跟皮鞋，要穿连裤丝袜或配穿面料高级、制作考究并与旗袍搭配协调的布鞋或绣花鞋。旗袍是单件穿着，如果没有饰物相配则会略显单薄，一般情况下可佩戴金银、珍珠、玛瑙等饰物，饰物的选择要考虑与旗袍面料、图案和款式的搭配，不能喧宾夺主。与旗袍搭配穿着的服饰有裘皮大衣、毛呢大衣、短小西装、开襟小毛衫和各种大披肩。上述搭配都要注意色彩与旗袍的色彩协调，还要根据不同的环境选用。

（五）注意行为举止

旗袍这种服饰充分体现出女性端庄典雅、温柔娴静的风格特点，展示女性的高贵与优雅，所以在穿着旗袍时要注意自己的行为举止，避免不雅观的形体动作。穿旗袍就要收腹挺背，走姿、坐姿、站姿和谈吐都要保持文静优雅，要步伐适中，举止从容，才能与旗袍的风格相衬。穿着旗袍骑自行车、大步流星或是奔跑，本身就很不方便，会给人带来不和谐的感觉。

2.4 汽车销售人员形象设计实施方案

汽车销售人员形象设计实训实施方案如表 2-1 所示。

表 2-1 汽车销售人员形象设计实训实施方案

课程类型	汽车销售人员仪容、仪表、仪态礼仪实训	学时	8
实训单元目标	1. 方法能力： （1）掌握仪容、仪表、仪态礼仪的基本要求； （2）学会仪容的修饰，规范的着装，得体展现仪态礼仪。 2. 社会能力： 适应汽车销售顾问岗位对仪容、仪表、仪态的需求，提升自身形象，塑造企业形象。 3. 专业能力： 掌握汽车销售顾问仪容、仪表礼仪规范，用良好的仪态展现企业形象，体现品牌魅力		
实训进程安排	一次课 2 学时，4 次完成		
实训者分析	学习者已经具备的知识与能力分析： 目前学生已经经过仪容、仪表、仪态礼仪基本理论的学习，但实践能力不够，需要通过实训掌握销售人员形象设计的技能		
	学习者可能发生的学习困难： 学生不能正确地着装，不会得体的修饰容貌，没有正确的仪态习惯，比如，男生不会打领带、穿西装；女生不会化淡妆；不得体的站、立、行等		
实训单元环境及媒体选择	展厅布置、镜子和多媒体配合演练		
教学方法	讲练结合，以学员模拟练习为主，教师点评为辅		
实训活动形式	分组模拟练习		
实训效果评价方式	小组点评与教师评价结合		

2.5 汽车销售人员形象设计实训任务单

汽车销售人员形象设计实训任务如表 2-2～表 2-4 所示。

表 2-2 汽车销售人员形象设计实训任务单表 1

任务名称	仪容仪表礼仪实训	班级		教师评阅
		姓名		
复习重难点	1. 汽车销售顾问如何才能做到仪容、仪表大方得体，符合企业的要求？ 2. 男士、女士的着装各有哪些要求？ 3. 男士如何打领带，女士如何化淡妆？			
任务描述	1. 汽车销售顾问着装。 2. 男士学会打领带，女士学会化淡妆			

续 表

任务名称	仪容仪表礼仪实训	班级		教师评阅	
		姓名			
组织与实施步骤	步骤一：分组，每两人一组，互相检查练习。 步骤二：挑选出典型小组，示范展示。 步骤三：分析出现的问题，提出改善建议				
学生实训后反思与改善	小组互相评价： 优点： 不足： 改善点：				
自我学习评价	○优　　□良　　◇中　　△及格　　▽不及格				

表 2-3　汽车销售人员形象设计实训任务单表 2

任务名称	仪态礼仪实训	班级		教师评阅	
		姓名			
复习重难点	1. 汽车销售人员的仪态应当包括哪些？ 2. 请说明站立行走姿态的种类及要领。 3. 请说明微笑的要领				

续 表

任务名称	仪态礼仪实训	班级		教师评阅	
		姓名			
任务描述	1. 汽车销售顾问站立行走姿态的训练。 2. 汽车销售顾问得体微笑的训练				
组织与实施步骤	步骤一：分组，每两人一组，互相检查练习。 步骤二：挑选出典型小组，示范展示。 步骤三：分析出现的问题，提出改善建议				
学生实训后反思与改善	小组互相评价： 优点： 不足： 改善点：				
自我学习评价	○优　　□良　　◇中　　△及格　　▽不及格				

表2-4　汽车销售人员形象设计实训任务单表3

任务名称	仪态礼仪实训	班级		教师评阅	
		姓名			
复习重难点	1. 如何把握适当的时机与顾客握手？ 2. 如何恰当地使用手势？ 3. 握手及名片递送应当注意的问题是什么？				

续表

任务名称	仪态礼仪实训	班级		教师评阅	
		姓名			
任务描述	健身教练王先生与妻子来到展厅看车，销售顾问小张上前接待他们				
组织与实施步骤	步骤一：分组，每二人一组，互相检查练习。 步骤二：挑选出典型小组，示范展示。 步骤三：分析出现的问题，提出改善建议				
学生实训后反思与改善	小组互相评价： 　　优点： 　　不足： 　　改善点：				
自我学习评价	○优　　□良　　◇中　　△及格　　▽不及格				

2.6　汽车销售人员形象设计实训评价

形象礼仪实训评价如表 2-5 所示。

表 2-5　形象礼仪实训评价

项号		评价要素	评价标准	评价方法	权重
1	知识	汽车销售仪容礼仪规范	优秀、良好、中、及格、不及格	点评	30%
		汽车销售仪表礼仪规范	优秀、良好、中、及格、不及格	互评	35%
		汽车销售仪态礼仪规范	优秀、良好、中、及格、不及格	互评	35%
2	技能	掌握汽车销售仪容礼仪规范	优秀、良好、中、及格、不及格	互评	30%
		掌握汽车销售仪表礼仪规范	优秀、良好、中、及格、不及格	互评	35%
		掌握汽车销售仪态礼仪规范	优秀、良好、中、及格、不及格	互评	35%
3	态度	自然、得体	优秀、良好、中、及格、不及格	互评	30%
		整洁、清爽	优秀、良好、中、及格、不及格	互评	35%
		热情、大方	优秀、良好、中、及格、不及格	互评	35%

2.7　汽车销售人员形象设计礼仪综合训练

分别走访广汽丰田与一汽大众4S店,对比这两个品牌销售顾问仪容、仪表、仪态的异同点,如表2-6所示。

表 2-6　汽车销售人员形象设计礼仪综合训练

4S店名称：
广汽丰田4S店：　　　　　　一汽大众4S店：
走访时间：

比较项目	相同点	不同点
仪容		
仪表		

续表

比较项目	相同点	不同点
仪态		
需要说明		

第3章　商务人员语言礼仪

3.1　交谈礼仪

【引导案例】

某局新任局长宴请退居二线的老局长。席间端上一盘油炸田鸡，老局长用筷子点点说："喂，老弟，青蛙是益虫，不能吃。"新局长不假思索，脱口而出："不要紧，都是老田鸡，已退居二线，不当事了。"老局长闻听此言顿时脸色大变，连问："你说什么？你刚才说什么？"新局长本想开个玩笑，不料说漏了嘴，触犯了老局长的自尊，顿觉尴尬万分。席上的友好气氛尽被破坏，幸亏秘书反应快，连忙接着说："老局长，他说您已退居二线，吃田鸡不当什么事。"气氛才有点缓和。

（资料来源：http：//freebird1976.blog.163.com/blog/static/）

问题：

（1）"莫对失意人谈得意事"（[清]治家格言），结合本案例谈谈你对这句话的理解。
（2）在交际中开玩笑应该注意什么？

语言是人类的交际工具和思维工具，是人们沟通信息、交流思想、联络感情、建立友谊的桥梁，也是建立人际关系的重要方法和途径。"语为人镜，言为心声"，交谈内容与方式也能够反映一个人的道德情操和修养水平。

语言礼仪指的是语言应具有的礼仪规范，通过语言礼仪可以传递尊重、友善、平等的信息，给对方以美的感受。语言礼仪与一般语言的不同在于它不能使用侵犯他人的攻击性语言，而是通过文明、礼貌的语言建立起情感沟通的纽带，使人们在轻松、愉快的氛围中培植和增进友谊。

美国著名的语言心理学家多罗西·萨尔诺夫曾经说过"说话艺术最重要的应用就是与人交谈"，交谈作为人类交流的重要手段，可以帮助人们传递信息、交流思想、沟通感情、缔结友谊、建立联系、协调关系、消除隔阂、促进合作，以获得生活的幸福、事业的成功。

交谈礼仪即人们在一般场合与人交谈时应当遵循的各种规范和惯例，主要涉及交谈的态度、交谈的语言、交谈的内容、交谈的方式和交谈的技巧等方面的内容。

3.1.1 交谈态度

1. 距离适当

人们在交谈中,由于心理作用和远近亲疏的不同会产生不同的空间距离。这种空间距离不仅能说明交际双方的关系、心理状态,而且也能反映出民族和文化特点。心理学家发现,任何一个人都需要在自己的周围有一个自己能够把握的自我空间,这个空间的大小会因不同的文化背景、环境、行业、个性等而不同。不同的民族在谈话时对双方保持多大距离有不同的看法。根据霍尔博士(美国人类学家)的研究表明,有四种距离表示不同情况。

(1)亲密接触(0～45厘米),交谈双方关系密切,身体的距离从直接接触到相距约45厘米,这种距离适于双方关系最为密切的场合,比如夫妻及恋人之间。

(2)私人距离(45～120厘米),朋友、熟人或亲戚之间往来,一般以这个距离为宜。

(3)礼貌距离(120～360厘米),用于处理非个人事务的场合中,如进行一般社交活动,或在办公、处理事情时。

(4)一般距离(360～750厘米),适用于非正式的聚会,如在公共场所听演讲等。

从以上分析可以看出,人类在不同的活动范围中因关系的亲密程度而保持着不同的距离。一般来说,情感距离与空间距离呈正比例关系,即情感距离越近,交谈的空间距离也就越近;反之,情感距离越远,交谈的空间距离也就越远。

同时,不同民族与文化构成的人们之间也有不同的空间距离要求,多数讲英语的人在交谈时不喜欢离得太近,总要保持一定的距离。地中海地区的人、南美人与他人交谈时距离较近。所以,我们会看到西班牙人和阿拉伯人交谈会凑得很近,而拉美人交谈时几乎贴身。堪称经典的场面:当一个英国人与一个意大利人交谈时,只见到意大利人不停地"进攻",英国人不断地"撤退"。其实他们交谈时都只不过是要占据对自己适当的、习惯的空间距离。

另外,一个人的性别、身份、地位、性格、情绪都会影响交谈的空间距离。一般来说,女性乐于对自己喜欢的人靠近,反感陌生人接近自己;男性与人交谈的空间距离会大些;身份地位高的人喜欢与人保持距离,身份地位低的人空间距离会相对小一些;性格开朗的人乐于与人接近,性格孤僻的人戒备心重,不愿意别人接近自己。

因此,了解各种人对空间距离的要求,把握与他人交谈时的空间距离,是交谈能够顺利进行的前提,也是交谈目的实现的保障。

2. 声音悦耳

声音在语言中的地位相当重要。语言情感的语音表现主要集中在有声语言上以声传意,以声传情。交谈礼仪要求人们在讲话时,尽可能让自己的声音有魅力,给人以美的享受。要使自己说话的声音充满魅力,既要在主观上重视自己说话的声音,又要在客观上不断地练习自己说话的声音。我们主要可以从以下方面进行把握。

(1)音量适当。在生活中,明朗、低沉、愉快的语调最吸引人,放低声音比提高嗓门声嘶力竭地喊更让人乐于接受。因此，讲话时声音不宜过高，音量达到让人听清即可。对于语调偏高、音尖的人，应该设法练习变为低调。当然，也不能矫枉过正，声音太低、太轻也会让人听不清楚，要把握好"度"。

（2）语调柔和。一个人柔言谈吐，往往能给人良好的印象，让人感受到说话具有较好的思想修养和温和的性格特征。因此，要尽可能使自己的声音听起来柔和，避免粗厉尖硬的讲话，以理服人，而不是以声、以势压人。

（3）语速适中。在交谈中，讲话的语速不能快，尤其是涉及一些需要重点强调的内容，要学会根据实际情况调整语速的快慢，尽可能娓娓道来，既可以给人留下稳重踏实的印象，又可以为自己留下思考的时间。

（4）吐字清晰。讲话时应吐字清晰、层次分明，避免含糊其辞、咬字不清和咬舌的习惯。我们可以将讲话的速度放慢，每个字发音到位，将所有内容说清楚。

（5）音调抑扬顿挫。讲话时平铺直叙的音调容易让人乏味，为了增强交谈效果应注意音调的高低起伏、抑扬顿挫，音调的起伏变化，既能使声音美妙动听，又能突出重点内容。

3. 目光真诚

"眼睛是心灵的窗口"，人们在交谈时，目光的交流可以传达出有声语言难以表现的意义和情感，能最大限度地反映出一个人真实的心理状态。作为一个表现良好的交际对象，其目光应该是亲切、温和、坦然、有神的。目光的交流应注意以下内容。

（1）注视时间

在整个交谈过程中，与对方目光接触应该累计达到全部交谈过程的50%～70%，其余30%～50%的时间，可注视对方脸部以外5～10米处的物体，这样比较自然、有礼貌。

（2）注视区域

场合不同，注视的部位也不同。一般分为公务凝视、社交凝视、亲密凝视。

①公务凝视。在洽谈、磋商、谈判等严肃场合，目光要给人一种严肃、认真的感觉。注视的位置在对方双眼或双眼与额头之间的区域。

②社交凝视。这是指在各种社交场合使用的注视方式。注视的位置在对方唇心到双眼之间的三角区域。

③亲密凝视。这是亲人之间、恋人之间、家庭成员之间使用的注视方式。凝视的位置在对方双眼到胸之间。

（3）注视方式

无论是使用公务凝视、社交凝视还是亲密凝视，都要注意不可将视线长时间固定在所要注视的位置上。这是因为，人本能地认为，过分地被人凝视是在窥视自己内心深处的隐私。所以，在双方交谈时，应适当地将视线从固定的位置上移动片刻，这样能使对方心理放松，感觉平等，易于交往。

当我们与人说话时，目光要集中注视对方；听人说话时，要看着对方眼睛，这是一种既讲礼貌又不易疲劳的方法。如果表示对谈话感兴趣，就要用柔和友善的目光正视对方的眼区；如果想要中断与对方的谈话，可以有意识地将目光稍稍转向他处。尽量不要将两眼视线直射对方眼睛，因为对方除了会以为我们在窥视他心中的隐秘，还会认为我们在向他表示不信任、审视和抗议的情感。但在谈判和辩论时，就不要轻易移开目光直到逼对方目光转移为止。当对方说了错误的话正在拘谨害羞时，不要马上转移自己的视线，而要用亲切、柔和、理解的目光继续看着对方，否则对方会误认为我们在讽刺和嘲笑他。谈兴正浓时，切勿东张西望或看表，否则对方会以为我们听得不耐烦，这是一种失礼的表现。

4. 举止得体

人们在交谈时往往会伴随着做出一些有意无意地动作举止。这些肢体语言通常是自身对谈话内容和谈话对象的真实态度的反应。因此，要想获得良好的交谈效果，必须对自己的举止予以规范和控制。

（1）适度的举止可以提高交流的效果。谈话时可以用适当的手势加强语气，补充说明其所阐述的具体事由，提高表达效果。倾听者可以通过点头、微笑来反馈"我正在注意听""我很感兴趣"等信息。所以，适度的举止既可表达对别人的尊敬，又有利于双方的沟通和交流。

（2）过分、多余的举止会影响到听者的注意力和情绪。与人交谈时，如果手势的幅度过大、频率过高容易影响别人的注意力。在谈话时左顾右盼，或是双手置于脑后或是高架"二郎腿"，甚至剪指甲、挖耳朵等，这些举止都会让人心烦，影响别人的情绪。交谈时还要尽量避免打哈欠，如果实在忍不住，也应侧头掩口，并向他人致歉。尤其应当注意的是，不要在交谈时以手指指人，因为这种动作有轻蔑之意。

3.1.2 交谈的内容

交谈时首要的任务，就是让人明白无误地理解自己的讲话内容。为了让人一听就懂，以下几个方面应当注意。

（1）用词通俗。在交谈中，应充分发挥口语的功能，使用通俗易懂的语言，不要过分雕琢语言，更不能咬文嚼字，避免引经据典、满口专业术语。用深入浅出的语言让人理解更复杂的问题是一种能力，也是对别人的理解和尊重。

（2）内容简明。在交谈时，应力求言简意赅，简单明白，节省时间，少讲废话。不要没话找话，短话长说，啰里啰唆，废话连篇，节外生枝，任意发挥，不着边际，让人听起来不明不白。

（3）少用方言。为了让人准确无误地理解自己所讲的内容，最基本的做法就是使用普通话。所以在交谈中，如果不是家人、乡亲，最好不要使用方言、土话，否则，有排挤、冷落他人的嫌疑，也会让对方产生不受尊重的感觉。

（4）慎用外语。在一般交谈中，应当使用中文，讲普通话。如无外宾或特殊情况，应慎用外语。否则，既不能提高自己的外语水平，还有卖弄之嫌疑，让人产生不好的感觉。

交谈的内容主要涉及社会情况、个人认识等各方面的内容，它可以体现一个人的教养、品位、志趣、情操、阅历等情况，是交谈顺利与否的关键，因此应准确把握可以交谈的内容和忌讳交谈的内容。

1. 宜选的内容

（1）目的明确的内容。有些交谈的内容是交谈双方谈话前已约定，或者其中一方有明确意图的内容，涉及求人帮忙、交流信息、征求意见、讨论问题、商讨工作等内容。这类交谈适用于正式交谈，往往事先都已清楚所谈内容，或者至少一方已有准备，谈起来目的明确，针对性强，谈话效果明显。

（2）知识探讨的内容。交谈双方有一定的文化修养或文化追求，喜欢谈一些文明高雅、格调高尚的内容，涉及文学、历史、哲学、艺术、考古、地理、建筑、科技等内容。这些内容适合各类交谈，但要求双方有比较一致的知识背景，忌讳不懂装懂，班门弄斧。

（3）休闲娱乐的内容。休闲娱乐的内容，即谈论起来令人轻松愉快、身心放松、饶有情趣、不觉劳累或厌烦的内容。非正式交谈中涉及最多的是这类内容，它包括影视作品、文艺演出、流行时装、美容美发、体育比赛、电影电视、休闲娱乐、旅游观光、名胜古迹、风土人情、名人轶事、烹饪小吃、天气状况等。它适用于非正式交谈，往往允许人们各抒己见，对其任意进行发挥。

（4）兴趣擅长的内容。交谈的内容应当是自己或者对方所感兴趣或擅长的内容。选择自己所擅长的内容，就会在交谈中驾轻就熟，得心应手，并令对方感到自己谈吐不俗，对自己刮目相看。选择对方所擅长的内容，则既可以给对方发挥长处的机会调动其交谈的积极性，也可以借机向对方表达自己的谦恭之意，并可取人之长，补己之短。但是在交谈中忌讳以己之长对他人之短，否则会让对方感到尴尬；也不宜为了照顾他人，强谈自己不熟悉的内容，否则也会令自己贻笑大方。交谈是交流性的谈话，如果只有一方在谈，就难以形成良好的交流效果。

2. 忌谈的内容

（1）涉及个人隐私的内容。个人隐私主要是指涉及个人年龄、婚恋状况、收入支出、家庭情况、健康状态、经历等个人私事。现代社会，人们越来越强调个人隐私，大部分人都不愿意别人了解自己的私事。在交谈中，如非深交，则有关个人隐私的问题尽量不要询问、谈论。

（2）损害对方的内容。在交谈中，要以尊重对方为基本原则。一般情况下，不能乱开玩笑，更不能取笑、挖苦对方，尤其不能对别人的身体缺陷口无遮拦。在交谈中油腔滑调、尖酸刻薄，成心让对方出丑，让别人下不了台，不仅显示自己缺乏良善之心，也会损害别人的情感，影响双方的关系。

（3）非议他人的内容。在交谈中不要轻易非议不在场的人，不要传播未经证实的消息和各种闲言碎语，更不能制造是非，无中生有，造谣生事。其实，有一定社会经验的人都知道"来说是非者，必是是非人"。非议他人，并不说明说话者正确英明，反倒让人觉得说话者缺少教养，是拨弄是非之人。

（4）存在错误倾向的内容。在谈话中，应避免具有错误倾向的内容。例如，违背社会伦理道德、生活堕落、思想反动、政治错误、违法乱纪之类的主题。如果有人涉及此类内容，应用别的话题引开。

（5）令人不愉快的内容。在交谈中，一般应避免谈及挫折、失败、疾病、死亡、惨案、凶杀、灾祸等令人沉重的话题。如不慎谈及令交谈对象伤感或者不快的内容，应及时转移话题，必要时应向对方道歉，不能自说自话，没有眼色。

3.1.3 交谈的方式

交谈的方式，即人们在交谈时所采用的具体形式。针对不同的交谈对象、不同的交谈目的，应选择恰当的交谈方式，以便达到更佳的谈话效果。

1. 聆听式交谈

聆听式交谈，即在交谈时有意识地以听为主的交谈。交谈是"说"与"听"两种行为方式的组合，聆听是交谈中不可缺少的重要组成部分。当别人说话时，要善于洗耳恭听，既能体现出对说话人的尊重，又可以在听的过程中努力了解对方思路，理清头绪，赢得时间，后发制人，变被动为主动。当然，在听的过程中并非一言不发、面无表情，而是以恰当的片言只语和无声语言配合、鼓励对方。否则，会给人傲慢、清高、神秘莫测的感觉。

2. 坦白式交谈

坦白式交谈，即人们通常所说的"打开天窗说亮话"，做到知无不言、言无不尽，将自己的所有观点、见解一览无遗地表达出来，以便让对方较为全面客观地了解自己的内心世界。这类交谈以自我为主，畅所欲言，容易赢得对方的信任，但也会给人以不稳重之感，有可能泄密，甚至还会被人误以为是在和对方"套近乎"。

3. 引导式交谈

引导式交谈，即交谈一方主动与比自己水平、地位、辈分低或者是拙于辞令的谈话对象所做的交谈。在交谈过程中，主动方应对谈话对象进行适当引导、循循善诱，鼓励对方采用恰当方式阐述自己的观点、看法。

4. 评论式交谈

评论式交谈是在谈话过程中，交谈一方根据谈话对象所阐述的内容，适时进行插话，分析谈话对象所谈问题，发表自己的观点看法，以便肯定、否定或补充、完善谈话对象的发言内容。这种谈话对交谈一方要求较高，不仅要有一定的分析评论能力，还要能够理解别人，善于取得别人的信任。

5. 漫谈式交谈

漫谈式交谈，即在交谈中，倘若交谈一方或双方对某些内容感到厌烦、出现抵触心理或者让人难以应答时，及时地转而谈论另外一些较为适宜的、双方都感兴趣的话题。这种交谈方式有利于避免冷场的尴尬，使交谈能够顺利进行。但是要考虑双方的共同感受，要使双方居于平等地位，不可让其中一方觉得难以适从。

6. 探讨式交谈

探讨式交谈，即围绕着大家共同关心的问题，进行由浅入深、由此及彼的探讨，加深对相关问题的了解，提高认识，开阔思路，以便在思想上达成共识，在行动上取得一致。这种交谈重在各抒己见，交换意见，以求集思广益。交谈双方要善于听取不同意见，以理服人，不可强词夺理，压制别人的观点，或者将自己的观点强加于人。

3.1.4 交谈的技巧

进行交谈,还有必要注意具体的操作方式,往往有一些技巧可以被运用。

1. 措辞委婉

在个人生活中,像死亡、疾病、犯罪、惩罚等事情,容易让人有不愉快的联想。因此要善用委婉语,通过一定的措辞将原本令人不悦或者比较粗俗的事情说得听上去比较得体、文雅,使表达更含蓄、婉转、动听,并留有余地,善解人意。例如,在用餐时想要上厕所,宜说:"对不起,我去一下洗手间。"或说:"不好意思,我去打个电话。"若来访者停留时间过长,影响了本人的其他安排,需要请其离开,不宜直接说"你该走了""你待得太久了",而应当说"我不再占用你的宝贵时间了"等。运用委婉语既可采取旁敲侧击、比喻暗示、间接提示的方法,也可以先肯定、再否定,还可以采取设问句式,不要随便使用祈使句。

2. 善用谦敬语

与人交谈,对他人要善于使用敬语敬词,对自己则应用谦语谦词,敬语与谦语是相对的,因为一个尊重他人的人必然会有谦逊的表现,一个狂妄自大的人自然不会尊重别人。常用的敬语有"您""阁下""尊夫人""贵方"等,还有"请您稍候""请帮我一下""请多关照""请留步"等。这些话中的"请"字不是多余的,多含有谦虚、尊重对方的意思。在一些正规的社交场合和会议、谈判等公务场合,与师长或身份、地位较高的人交谈时,或者是和陌生人打交道的时候,适当地使用谦敬语,可以通过语气上表现出的恭敬之情,体现出对他人的尊重之意。

3. 礼让对方

在交谈之中,应以交谈对象为中心,处处礼让对方,尊重对方。既不能一人独白,只管自己说得痛快,不给别人发言的机会,也不能沉默寡言,不置一词,从而造成冷场的局面。既不能随意插嘴,中途打断别人,也不能强词夺理,随便否定别人。既要礼让他人,多给别人机会,让大家平等交流,也要热情投入交谈,及时救场,引出新话题。既要尊重别人,等对方将话说完再接话,也要集思广益,多听取别人的意见。在交谈中,要善于聆听他人的意见,若对方所述无伤大雅,无关大是大非,一般不宜当面否定。按照礼仪上"不得纠正"的法则,对交往对象的所作所为,应当求大同、存小异,若其不触犯法律,不违反道德,没有辱没国格人格,不涉及生命安全,一般没有必要判断其是非曲直,更没有必要当面对其加以否定。

4. 适可而止

与所有活动一样,交谈也有时间限制。普通场合的小规模交谈,以半小时以内结束为宜,最长不要超过一个小时。在交谈中,一个人的每次发言最好不要长于3分钟,至多也不要长于5分钟。交谈适可而止,见好就收,既可以节省大家的时间,又可以留下令人回味的空间,使得下次交谈依然有话可说。

5. 把握分寸

在交谈中要把握分寸,分清场合,认清身份,搞明白什么话该说,什么话不该说。

任何人在任何场合讲话,都有自己特定的身份。这种身份,也就是自己当时的"角色地位"。比如,在单位里,对上司我们是下属,对下属我们是上司,如果用上司的口气对平级或上司说话就不合适了,因为这是不礼貌的,有失"分寸"的。

6. 富于幽默

幽默,通过曲折的方式表达思想,从而避开矛盾的锋芒,化干戈为玉帛。同时,幽默是笑的精华,它以愉悦的方式让别人获得精神上的快乐,创造了一种轻松欢快的氛围,从而缓解紧张情绪和尴尬气氛。幽默是在一定的语言条件下,通过语言反常组合来实现的,因而它是智慧的闪现。幽默可以后天习得,是思维水平和表达能力达到一定境界后产生的智慧火花,也是温和、宽容态度的具体体现。

【小阅读】

学会使用礼貌用语

礼貌语最常使用的是5句10字语,即"您好""请""谢谢""对不起""再见",除此之外,还有大量的礼貌语,具体可以分为以下类型。

(1) 问候语。一般不强调具体内容,只表示一种礼貌。如"你好""早上好""下午好""晚上好"。问候语不受场合约束,任何场合见面时都可以用,被问候一方应做出相应回复。

(2) 欢迎语。欢迎语是接待来访客人时必不可少的礼貌语。如"欢迎您""欢迎各位光临""见到您很高兴"等。

(3) 致歉语。在交往中,如有影响或打扰了别人,尤其是当自己失礼、失约、失陪、失手时,都应及时、主动、真心地向对方表示歉意。如"对不起""请原谅""很抱歉""失礼了""不好意思""让您久等了"等。若当面不好意思致歉时,也可以打电话、发短信等方式表达。

(4) 请托语。请托语是指当我们向他人提出某种要求或请求时应使用的必要语言。当我们向他人提出某种要求或请求时,一定要"请"字当先,态度、语气要诚恳,不要低三下四,也不要趾高气扬。如"劳驾""有劳您""让您费心了"等。日本人常用"请多关照""拜托你了",英国人一般用"Excuse me(对不起)"。

(5) 征询语。征询语是指在接待过程中,应经常地、恰当地使用的征询性语言。如"您有事需要帮忙吗?""我能为您做些什么?""您还有什么事吗?""我可以进来吗?""您不介意的话,我可以看一下吗?""您看这样做行吗?"等。这样有一个好处,就是被征询的人有一种受尊重的感觉。

(6) 赞美语。赞美语是指向他人表示称赞的语言。在交往中,要善于发现、欣赏他人的优点,适时地给予真挚的赞美,不仅能够迅速缩短双方的心理距离,更重要的是它还能够体现出我们的宽容与善良的品质。如"很好""不错""太棒了""真了不起""真漂亮"等。面对他人的赞美,我们应做出积极回应。如"谢谢您的鼓励""多亏了你""您过奖了""你也不错嘛"等。

(7) 祝贺语。当交往对象过生日、加薪、晋升或结婚、生子、寿诞,或是客户开业庆典、周年纪念、有新产品问世或获得大奖,都可以以各种方式表示祝贺,共同分享快乐。如"祝您节日愉快""祝您圣诞快乐""祝您生日快乐""恭喜恭喜""祝你成功""祝您福如东海，寿比南山""祝您新婚幸福""祝您好运""祝您健康"等。

（8）道别语。道别语虽是几句客套话，但也不失真诚与温馨。如一般会用"再见"；事先约好用"回头见""明天见"；隆重用"再次感谢您的光临，欢迎您再来""非常高兴认识你，希望以后多联系""十分感谢，咱们后会有期"；还可能用"走好""慢走""再来""保重"等。英美国家常使用"祝你做个好梦""晚安"等道别语。

怎样打破陌生、冷淡的僵局？

初次见面的时候不知道先和对方说些什么，特别是对方比较冷淡甚至有敌意的时候。所以，这里我们特别探讨一下。

谈论能被对方认同的、轻松参与的、目前都一致定论的，最好和对方有些关联的话题，是明智的选择。这样能使对方对我们消除戒备心理，进行下一步的交流。

"二战"后不久的一天，身为美国参议员的日裔早川先生在火车站等车。他注意到身边等车的人都用怀疑的眼光盯着他，还有人交头接耳。有一对夫妇带着孩子，盯着他，神情显得格外紧张。当时都传说有日本间谍渗透到了美国。

为打破尴尬局面，早川对那个丈夫说："真糟糕，天这么冷，火车偏偏又误点。"那个丈夫点点头表示同意。

早川继续说："带着孩子在冬天旅行，火车又没个准，一定特别辛苦。"丈夫再次表示同意。

早川接着问他，孩子几岁了，看起来很乖很勇敢，比同年龄的孩子懂事。他这次脸上有了一丝微笑。就这样，化解了紧张的气氛。

交谈了几句后，他问早川："我问你一个问题，希望别介意，你是日本人吧？你觉得日本打赢的机会多大？"

早川说："我的推测可能和你一样。依我看，日本缺煤、缺钢铁、缺石油……怎么打得过美国这种高度工业化的国家。"

随后，他们谈到了早川在日本的家人。以至于在上车之前，那对夫妇还请早川有机会一定要去他们的城市，去他们家吃饭。

我们瞧，轻松的话题，就把这个"间谍"变成了朋友。其实早川先生的话题，都是让对方能清晰地意识到、能有同感的、已成事实的观点，像这样的话题，谁都可以自如地参与，不存在什么分歧，很自然地也就拉近了双方原有的距离，并让对方立即产生好感。这样，目的也就达到了。

（资料来源：http：//www.qs100.com/News/NewFile/2006914135623.htm）

3.1.5 汽车销售人员交谈礼仪实训任务单

汽车销售人员交谈礼仪实训如表3-1所示。

表 3-1　汽车销售人员交谈礼仪实训

任务名称	汽车销售人员交谈礼仪实训	班级		教师评阅	
		姓名			
复习重难点	1. 汽车销售顾问展厅接待的礼仪规范有哪些？ 2. 交谈的技巧包括哪些？				
任务描述	顾客李先生来到一汽大众 4S 店展厅，想要了解迈腾这款车型，销售顾问王阳对客户进行接待				
组织与实施步骤	步骤一：分组，每两人一组，分配角色。 步骤二：在布置好的场景中，进行展厅接待的模拟演练。 步骤三：挑选出典型小组，示范展示。 步骤四：分析出现的问题，提出改善建议				
学生实训后反思与改善	小组互相评价： 优点： 不足： 改善点：				
自我学习评价	○优　　□良　　◇中　　△及格　　▽不及格				

3.1.6　汽车销售人员交谈礼仪实训评价表

汽车销售人员交谈礼仪实训评价如表 3-2 所示。

表 3-2　汽车销售人员交谈礼仪实训评价

项号	评价要素		评价标准	评价方法	权重
1	知识	语音、语速、语调的控制方法	优秀、良好、中、及格、不及格	点评	30%
		语言气息的合理运用方法	优秀、良好、中、及格、不及格	互评	20%
		语言技巧，用规范的语言介绍产品	优秀、良好、中、及格、不及格	互评	50%
2	技能	通过实训掌握汽车营销人员交谈技巧	优秀、良好、中、及格、不及格	互评	30%
		学会用得体的语言与顾客交流	优秀、良好、中、及格、不及格	互评	70%
3	态度	自然、得体	优秀、良好、中、及格、不及格	互评	50%
		热情、大方	优秀、良好、中、及格、不及格	互评	50%

3.2　电话礼仪

【引导案例】

秘书小李因一次工作的失误被领导批评了，心情很不好，恰巧公司的电话响了。铃声响了五声之后，她才拿起话筒，语气特别不耐烦地说："喂，你找谁？"当得知对方打错电话时，她情绪很不好地说了声："你打错了！"就重重地挂断了电话。

（资料来源：http://www.docin.com/p-329705246.html）

问题：

(1) 秘书小李的这种做法对吗？

(2) 在电话沟通过程中应该注意什么？

随着科学技术的发展和人们生活水平的提高，电话被现代人公认为便利的通信工具，电话交流成为人们沟通最快捷、最简便的方式。在日常工作中，掌握电话的礼仪很关键，它直接影响着一个公司的声誉。在日常生活中，人们通过电话也能粗略判断对方的素质和修养。因而，打电话成为一门艺术，掌握正确的电话礼仪对树立良好的单位和个人形象具有重要的作用。

3.2.1　使用电话的基本礼仪

1. 态度友好、热情

电话传播的是声音，但是通过电话也能体现出态度，并且这种态度对于电话交流起着决定性的作用。所谓"言为心声"，态度的好坏，都会表现在语言之中。因此，打电话时要保持良好的心情，即使对方看不见交流对象，但是欢快的语调可以感染交流对象，给交流对象留下极佳的印象。由于面部表情会影响声音的变化，如果打电话时表情麻木，那么其声音也会冷冰冰的，所以在电话中要抱着"对方看着"的心态去应对，注意姿势、表情，尤其要微笑着打电话，传递出自己的友好与热情。

第3章 商务人员语言礼仪

人在微笑时的声音是更加悦耳、亲切的。女性在对着镜子说话时，会很自然地微笑，根据这一原理，在一些大公司的总机或者前台，管理者有意在接线员的桌上放置一面镜子，以促使她们在接听电话的时候自然地微笑，并通过语言把这一友好的信息传递出去。

2. 注意语速和语调

在电话里的声音应清晰、悦耳、吐字清脆，并适当地提高声调以显得富有朝气。说话时，语速过慢会让人感觉懒散，过快会让人忙乱，难以充分理解其意，语速适中才能让人感到自然、舒服。当然，也应根据交谈对象的年龄、性格及所谈论的内容调整讲话速度，随机应变，不能一概而论。人们在看不到对方的情况下，大多凭第一听觉形成初步印象。因此，讲话时有意识地提高声调，会格外悦耳优美。

3. 语言简洁、明了

要掌握通话时间，善于处理电话中的闲聊和纠缠。我们可以在打电话前预先想好要讲的内容，以便节约通话时间，不要现想现说。通常一次通话不应长于3分钟，即所谓的"3分钟原则"，实际上3分钟可讲1000个字，相当于两页半稿纸上的内容，按理是完全能行的。如果一次电话用了5分钟甚至10分钟，那么一定是措辞不当，未抓住纲领，未突出重点。

4. 重点内容适当复述

为了防止听错电话内容，重点内容一定要当场复述。特别是同音不同义的词语及日期、时间、电话号码等数字内容，务必养成听后立刻复述、予以确认的良好习惯。文字不同，一看便知，但读音相同或极其相近的词语，通电话时却常常容易搞错，因此，对容易混淆、难于分辨的这些词语要加倍注意，放慢速度，逐字清晰地发音。如1和7、11和17等，听到这些与数字有关的内容后，务必马上复述，予以确认。当说到日期时，不妨加上星期几，以保证准确无误。

5. 备好记录工具

平时，在电话机旁应准备好记事本和铅笔。当他人打来电话时，就可从容不迫地记录主要事项。如不预先备妥纸笔，到时就会措手不及、东抓西找，不仅耽误时间，而且还会将自己搞得狼狈不堪。

3.2.2 打电话的礼仪

1. 准备好通话内容

拨打电话之前，先确认电话号码、单位名称或所联系人的姓名、称呼；再整理一下电话内容，将重要事项分条列出，将所需要的资料和文件备好；如果内容多，就先打个草稿，尤其给陌生者或名人、要人、上司打电话，要给对方以沉着、思路清晰的感觉，避免想到哪儿说到哪儿，丢三落四，甚至将重要事项丢掉还毫无觉察。

2. 选择合适的通话时间

拨打电话应尽量选择合适的时间，以不影响对方的工作和休息为前提。除非有紧急事情，打私人电话要选择早上7点以后、晚上10点之前，也要尽量避开对方休息、用餐的时间,而且最好别在节假日打扰对方。如果是公务电话,最好避开上班前40～60分钟,特别是周一是人们最繁忙的时间,人们一般不太愿意被电话打扰。如果是非常紧急或重要的事,则可以选择办公室人最多或最齐的时候。拨打国际长途应首先考虑时差问题。

3. 注重电话的起始语

接通电话后,先问好,并确认对方工作单位、姓名,如"您好!请问是××(单位)吗?"或"您好!××在吗?"然后要做自我介绍,如"我是××公司××部的××"让对方了解自己的姓名及目的,千万不要让对方"猜一猜"。如请受话人找人或代转时,应说"劳驾"或"麻烦您",不要认为这是理所应当的。说好起始语直接影响到交谈效果。生活中有些人由于不注重打电话的起始语,给对方留下了不好的印象,从而给后面的交流带来障碍。如果拨打的是国际或国内长途电话,考虑话费昂贵,也可以及时声明这是长途电话,以便于对方的配合。

4. 礼貌道别,轻轻地放好话筒

当电话交谈结束时,可征询对方意见,说些客套话,这既是尊重对方也是提醒对方,最后可说"再见"。通常打电话的一方先挂断电话,如果双方公司都有规定不能先挂断电话,一般由职位高的、年长者先挂断电话。挂断电话的方法是:先用右手将切话器轻轻按下去,听到已经挂断的忙音之后,再将左手的听筒挂在话机上。如果直接将听筒扣到话机上,容易使电话发出较大的声音,让对方误以为我们因为生气而"摔电话"。给尊长者打电话时,应当等尊长者先挂断电话之后再挂上电话,不能只管自己讲完就挂断。

3.2.3 接电话的礼仪

1. 铃响3声前接电话

接听电话要及时,在电话铃响3声之内接听是最为适宜的。当然也不是越快越好,铃声一响,如果立刻接听,反而会让对方感到吃惊。较理想的是电话铃响完第二声时,取下听筒。工作时间接电话,应先报单位名称或部门名称,并问候对方,如:"您好!这里是××(单位),请问有什么可以帮助您的吗(请问您找谁)?"如果3声以上才接听,是效率不高的表现,6声之后就应道歉:"对不起,让您久等了。"如果受话人正在做一件要紧的事情不能及时接听,代接的人应妥为解释。如果既不及时接电话,又不道歉,甚至极不耐烦,就是极不礼貌的行为。尽快接听电话会给对方留下好印象,让对方觉得自己被看重。

2. 应答要得体

对方打来电话,一般会自己主动介绍。如果没有介绍或者自己没有听清楚,就应该主动问:"请问您是哪位?我能为您做什么?您找哪位?"拿起电话听筒直接问一句:"喂!哪位?"会让人觉得陌生而疏远,缺少人情味。接到对方打来的电话,拿起听筒应首先自我介绍:"您好!我是×××。"如果对方找的人在旁边,我们应说:"请稍等。"然后用手掩住话筒,轻声招呼同事接电话。如果对方找的人不在,我们应该告诉对方,并且问:"需要留言吗?我一定转告。"对方如果留言,要准确记录,及时转达,并且为事主保密,不要将留言内容随意传播。

3. 了解来电话的目的

上班时间打来的电话几乎都与工作有关,单位的每个电话都十分重要,不可敷衍,即使对方要找的人不在,切忌只说"不在",就把电话挂了。接电话时也要尽可能问清事由,避免误事。首先应了解对方来电的目的,如自己无法处理,也应认真记录下来,委婉地探求对方来电目的,就可不误事且赢得对方的好感。

4. 认真记录电话内容

记录电话的要点:来电人单位、姓名、通话内容要点、是否需要回复、需要回复的内容、回复的时间要求、回复的电话号码等。如果条件允许,最好使用有"来电显示"功能的电话,方便对来电号码的查找。电话结束前,要与对方核对所记录的信息要点,及时纠正信息记录中的疏漏。

5. 挂断电话要礼貌

要结束电话交谈时,一般应当由打电话的一方提出,然后彼此客气地道别,说一声"再见",再挂电话,不可只管自己讲完就挂断电话。对于接听方来说,可以感谢对方来电,并同时使用恰当的称呼。通常是打电话一方先放电话,但对于职员来说,如果对方是领导或顾客,就应让对方先放电话。待对方说完"再见"后,等待2~3秒再慢慢、轻轻地挂断电话,切忌毛毛躁躁地"咔嚓"一声挂断电话。

3.2.4 手机使用的礼仪

1. 手机使用场合

(1) 不在公共场合接打手机。一般情况下,所有的公共场所都应避免接听手机,如聚会、面试、电影院、阅览室、博物馆、餐馆、宗教场所、研讨会、音乐会、婚宴、丧葬、墓地、教室、演讲会、医院等候室、体育场馆或审判室等,应将手机的铃声调至静音或者振动状态。如果非得回话,采用静音的方式发送手机短信是比较适合的。在楼梯、电梯、路口、人行道等地方或者乘坐公交车时,也不可以旁若无人地使用手机,应该把自己的声音尽可能地压低一下,而绝不能大声说话。

(2) 在飞机上、开车中、加油站应避免使用手机,以免给人身安全造成威胁。在大多数国家,边驾驶边打手机是非法的。绝对不要在交通繁忙时段或危险区域拨打或接听手机。如果一定要拨打或接听电话,可以使用手机免提装置,以保证自己和他人的安全。

2. 手机使用规则

(1) 打手机时,要考虑对方是否方便接听。可以通过从听筒里听到的回音来鉴别对方所处的环境。如果很静,有可能对方正在开会,有时大的会场能听到一种空阔的回声;如果噪声很大,对方很可能在室外。是否通话最好由对方来定,所以"现在通话方便吗"通常是拨打手机的第一句问话。其实,在没有事先约定和与对方不熟悉的前提下,我们很难知道对方什么时候方便接听电话。所以,在有其他联络方式时,还是尽量不打对方手机为好。

(2) 接听手机时,如果没有特殊的原因,与对方进行通话的时间不应当超过 5 分钟。拨打他人的手机之后,也应保持耐心,一般应当等候对方 10 分钟左右。在此期间不宜再同其他人进行联络,以防电话频频占线。不及时回复他人电话,拨打他人手机后迅速离去,或是转而接打他人的电话,都会被视作恶意的犯规。在暂时不方便使用手机时,可在语音信箱上留言,说明具体原因,告之来电者自己的其他联系方式。有时,还可采用转移呼叫的方式与外界保持联系。

(3) 如果有人有紧急公事找我们或我们在等某个重要的消息,我们可以带手机去开会,但是在接听前要小声说一句"不好意思",然后低头接电话。只可听,不可讲。如果讲,也只可说"是、是、不是"或"好、好、不好"等。只能用简单的回答,最好在 30 秒内完成所有动作。

3. 手机摆放位置

在一切公共场合,手机在没有使用时,都要放在合乎礼仪的常规位置。不要在没使用的时候放在手里或挂在上衣口袋外。放手机的常规位置有:随身携带的公文包里,这种位置最正规;上衣的内袋里;有时候,可以将手机暂放腰带上,也可以放在不起眼的地方,如手边、背后、手袋里,但不要放在桌子上,特别是不要对着对面正在聊天的客户。

4. 短信收发规则

(1) 不方便接听手机,但又必须回复时,可以使用短信。遇到不方便口头说,或者怕打扰别人,或者需要重点强调的内容,都可使用短信。

(2) 不要在别人能注视到或者正和人聊天的时候查看短信。一边和别人说话,一边查看手机短信,是对别人不尊重的表现。

(3) 在短信的内容选择和编辑上,应该和通话文明一样重视。因为通过自己所发的短信,意味着自己赞同,至少也是不否认短信的内容,所发短信的内容反映了发信者的品位和水准。所以不要编辑或转发不健康的短信,涉及黄色的、暴力的、敏感的内容,特别是一些带有讽刺伟人、名人甚至是革命烈士的短信,更不应该转发。

5. 其他注意事项

(1) 选择适合的手机铃声。不恰当的铃声设置和彩铃会失礼于人。尤其是在工作场合,一些搞笑的手机铃声会让人反感。作为需要以稳重形象示人的公务员、管理人员和其他工作人员,不要让手机铃声与自己的身份不符,否则会损害自己的形象。

(2) 接听手机时不要大声喊叫。手机有着非常敏感的麦克风,即使是再柔软的声音都可以被对方接收到,所以不要提高音量让周围人听到自己的对话。在交谈中应尽可能地控制自己的情绪,不要让别人感到尴尬,也不要骚扰别人。如果听不清楚对方的声音,可以检查手机音量是否设定正确,看看手机本身有没有问题。

(3) 保持私密性。如果通过手机与人讨论私人问题或敏感商业问题,要选择僻静的地方,或者至少要与人保持 3 米的距离。一定要搞清自己身在何处,与何人在一起,其他人正在干什么,再决定拨打或接听任何一个电话。

(4) 能打座机就不打手机。手机话费较贵,属于私人通信工具,所以在没有事先约定和不熟悉对方的前提下,如有其他联络方式,还是尽量不打对方手机为好。联系不熟悉的人时可先拨打其办公室座机，有急事需拨打手机时则应注意讲话言简意赅。如果需要长时间通话，应主动询问对方是否需要拨打其座机。

（5）当不使用手机时，锁住手机按钮，以防意外拨打诸如119、110、120等特殊的电话号码。

（6）进入工作场所的时候，应该将手机调至无声，在办公室不可以接听私人电话。在办公地点若需要接听私人电话，必须离开办公室，尽快接听完毕回到办公室。

【小阅读】

使用电话的礼貌用语

您好！这里是××公司××部（室），请问您找谁？

我就是，请问您是哪一位？……请讲。

请问您有什么事？（有什么能帮您？）

您放心，我会尽力办好这件事。

不用谢，这是我们应该做的。

××同志不在，我可以替您转告吗？（请您稍后再来电话好吗？）

对不起，这类业务请您向××部（室）咨询，他们的号码是……（×××同志不是这个电话号码，他（她）的电话号码是……）

您打错号码了，我是××公司××部（室），……没关系。

再见！

您好！请问您是××单位吗？

我是××公司××部（室）××，请问怎样称呼您？

请帮我找××同志。

对不起，我打错电话了。

对不起，这个问题……请留下您的联系电话，我们会尽快给您答复好吗？

【拓展学习】

汽车销售顾问电话接听流程及标准话术

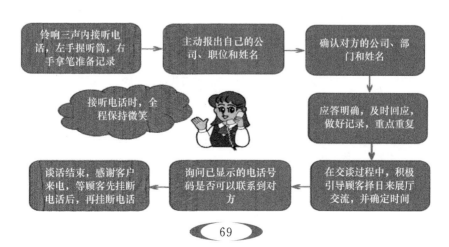

销售顾问：早上好，感谢您致电一汽大众合众经销店，我是销售顾问李玟。请问有什么可以帮到您？

客户陈先生：是这样，我最近有购车的打算，有几个问题想要咨询一下。

销售顾问：请问我该怎么称呼您呢？

客户陈先生：免贵姓陈。

销售顾问：哦，陈先生。这个号码是您的手机号码吗？

客户陈先生：是的，我想了解一下迈腾和CC的区别。

销售顾问：全新迈腾是大众B级车的第七代车型，大量吸取辉腾的设计元素。被公众认为大众品牌的准旗舰产品。而CC同为B级车，优雅动感的外观和无比的驾驶乐趣还不足以描述它，先进智能辅助驾驶系统和高端配置更让人体会到高端轿车特有的优越感。陈先生，您本次购车是家用还是商用呢？

客户陈先生：商用和家用都要兼顾吧。

销售顾问：您方便说一下您的购车预算吗？

客户陈先生：预算25万～30万元吧。

销售顾问：陈先生，初步来看，您所提到的这两款车基本上符合您的需要。不过迈腾和CC无论是从产品定位还是功能、外观都存在一定差别。陈先生，您什么时候有时间我们邀请您来店体验，我们也可以帮您参谋一下看看哪款车更适合您。

客户陈先生：这样吧。我周日有空，就周日上午去看看吧。

销售顾问：好的，我们也欢迎您带上家人或者朋友一同前来体验，陈先生，我们也将为您和您的亲友安排试乘试驾，请您记得带上驾照。

客户陈先生：好的。

销售顾问：陈先生，如果您的计划有变，您可以打电话给我，我们重新为您安排。5分钟之内我会给您发一条短信，告知我店的地址、网址和电话。您也可以登录我们公司的网站，那里有我们详细的车型介绍。非常感谢您的来电，陈先生，我们星期天上午见。

客户陈先生：好，再见！

3.2.5 汽车销售人员电话礼仪实训任务单

潜在客户开发电话礼仪实训如表3-3所示。

表3-3 潜在客户开发电话礼仪实训

任务名称	潜在客户开发电话礼仪实训	班级	教师评阅
		姓名	
复习重难点	1. 电话拜访礼仪的要点有哪些？ 2. 如何打拜访电话？		

第3章　商务人员语言礼仪

续　表

任务名称	潜在客户开发电话礼仪实训	班级		教师评阅	
		姓名			
任务描述	王阳是一名汽车销售顾问。不久前，经朋友介绍得知一家房地产公司的部门经理近期要购买一款一汽大众品牌的轿车。王阳得到他的电话后，打电话约到了这位经理，这位经理答应下周六到展厅找王阳看车				
组织与实施步骤	步骤一：分组，每两人一组，分配角色。 步骤二：在布置好的场景中，进行展厅接待的模拟演练。 步骤三：挑选出典型小组，示范展示。 步骤四：分析出现的问题，提出改善建议				
学生实训后反思与改善	小组互相评价： 优点： 不足： 改善点：				
自我学习评价	○优　　□良　　◇中　　△及格　　▽不及格				

3.2.6　汽车销售人员电话礼仪实训评价表

汽车销售人员电话礼仪实训评价如表3-4所示。

表3-4　汽车销售人员电话礼仪实训评价

项号	评价要素		评价标准	评价方法	权重
1	知识	开发潜在客户的目的	优秀、良好、中、及格、不及格	点评	30%
		接打电话流程	优秀、良好、中、及格、不及格	互评	30%
		电话拜访礼仪要点	优秀、良好、中、及格、不及格	互评	20%
		掌握接打电话的标准流程	优秀、良好、中、及格、不及格		20%
2	技能	能成功地运用电话拜访礼仪，开发潜在客户	优秀、良好、中、及格、不及格	互评	30%
		积极心态、细致工作	优秀、良好、中、及格、不及格	互评	70%
3	态度	积极主动与顾客联系、沟通	优秀、良好、中、及格、不及格	互评	50%
		热情、愉快	优秀、良好、中、及格、不及格	互评	50%

3.3　网络礼仪

【引导案例】

以下是某咨询公司的业务员小李写给某集团张先生的一封电子邮件：

"张先生，您好。我是××公司的李老师。冒昧打扰，敬请谅解。我公司首席讲师有着丰富的实践经验，如果有需求，请联系。"

这封邮件让人哭笑不得，既没有署名也没有落款，既没有主题也没有联系电话。

问题：

公司业务员小李给客户写的电子邮件，应该遵循什么样的礼仪规范呢？

随着互联网的发展，网络已经成为人们的一种生活方式。人们通过网络，不仅能够收发电子邮件、查阅资料，还享受着其他各种服务，如网上聊天、制作个人主页、网上购物、微博、微信、QQ及网络游戏等。

作为人们交流沟通的更为直接、简便、快速的渠道，网络沟通同样存在着道德规范和文明礼仪。网络礼仪是指人们在网上交流信息时被公众认可的，并被嘉许的各种网上的行为规范和准则。与现实生活一样，网络世界依然需要人们遵循彼此尊重、容许异议、宽以待人、保持平静、与人分享的原则。

3.3.1 网上交流的礼仪

随着网络的发展，网络的规则日趋规范。只有每个人都遵守网上公共道德，才能形成一个和谐的网络环境。如果在网上过于随性、粗鲁、无礼，可能会失去与人更好的交流机会。掌握网上交流礼仪，应从以下几个方面做起。

1. 保护好自己

（1）不轻易公开个人情况

网上有许多的会员注册项目，需要填写个人资料，会涉及个人情况，另外在与人聊天、BBS 留言、其他上传资料中，也会涉及个人情况。个人情况到底公开多少，要有一个"度"的把握。网上交流既要有一颗诚心，善意地与人们交流，又要注意防范自己的个人资料轻易泄露，给自己造成不必要的损失。

（2）不随便表达私人情感

有些人把网络当成"自留地"，不管遇到什么事都喜欢在网上披露。随着心情更换 QQ、MSN 上的签名和题词，让人一眼看出目前的情绪；在空间里写日志，在网上写博客、发微博，将现实情绪一一诉诸网络。其实，网络虽是虚拟世界，但是和现实世界紧密相连，写日志、发微博一定要遵守适度原则，最好不要轻易地、随性地暴露个人隐私、暴露自己当时所处的环境、暴露自己近期所遭遇的波折，无论是好还是坏，都可能会给自己造成难以回避的尴尬或者麻烦。

2. 尊重对方

（1）适当地问候对方。在使用沟通、交流工具时要善于使用基本的礼貌用语。

如果在 MSN 或 QQ 上找某个人交流，在打完招呼后，可以用这样的语句作为对话的开场白："您好！""能打扰您一下吗？""想请教个问题"或"允许我现在和您做个交流吗？"这些既谦虚又友好的问候或请求可能会使自己得到对方的青睐和好感，会促使对方产生一种暂时放下手头工作，进行一番交流的欲望。即使是再熟悉的人，也需要在开始前做个问候或探问，这既表示了对对方的尊重，也向对方展示了自己的个人修养。在结束对话交流时，也应向对方进行道别，说声"再见！""聊得很高兴希望下次还能有这样的机会""今天得到很多教诲（启示），谢谢！"等。

（2）不随意打探别人情报

要尊重其他人的隐私权，对于他人的个人情报，不应该轻易地提问、打探。这样的举动会使人望而却步，不想做进一步的交往。不要试图追查别人的私生活或者在公开场合披露别人的某些难堪的历史（比如生理缺陷或失恋经历之类的），对于同事、朋友的个人资料，更应该妥善加以保护，没有征得本人的同意，绝不能随意泄露，以免给他人带来不便、影响甚至伤害。

（3）尊重他人的劳动成果

网上的资料丰富，来源复杂，在使用资料时要慎重。要尊重他人的劳动，不剽窃别人的作品，不要试图对别人的作品做一些作者明确禁止的事情。这不仅仅是礼仪的问题，有时甚至是法律问题。

(4) 多为他人着想

不要因为自己的喜好，让交流一方处于被动的状态，甚至是被强制的状态。不要将自己不想参加或不想得到的东西传递给别人；在做一件事或发表一些言论之前，先考虑会不会影响别人或会不会引起别人的反感；传送消息、发出邀请前先征求对方的意见，得到同意后再传送；不要将所谓的连环信息群发给不需要的人；与人交流时考虑是否影响别人的工作、休息。在工作时间，尤其注意不要随意邀约别人聊天，不要轻易发送游戏性质的信息，这样做的结果不仅可能会影响别人的工作，也会让人产生工作不认真的印象。

(5) 别看他人的计算机屏幕

如果不是领导和负责纪律督查的工作人员，走过别人计算机前，别将目光定格在别人的计算机屏幕上。如果需要走到某个同事面前，与其作些交流，需要预先打个招呼，让对方有个准备；当与同事交流时，应站在该同事计算机屏幕的左侧或右侧，不要正面面对别人的计算机；如果在不经意间看到对方计算机屏幕上的内容时，应保持"视而不见"的沉默态度，千万别随意地加以赞美，更别说些批评的话语。很多人很不喜欢被人看到其工作情况，更不希望听到别人的妄加评论。

(6) 注意与人说话的语气

与别人沟通交流时，尤其是向别人提问或需要帮助时，语气要谦逊、恭敬，让人有被尊重、被感谢的感受。同样是请人帮忙，"怎么做呢，请你说得详细点吧"，尽管听上去很有礼貌，但让人产生一种被吩咐、被要求的感觉，而"请问能告诉我这件事的具体操作要求吗"，则蕴含着向别人祈求的语气，会产生更好的沟通效果。与人交流时，特别是和新结交的朋友进行对话时，要谦虚、谨慎，别随意争论，别固执己见地倾听和诉说并重，将有助于沟通的顺利进行。

(7) 适当地、正确地使用图释

在网上交流时，如果没使用摄像头做实景交流的话，常会让人产生一种冷冰的感觉。这时，适当地用一些图释会增加交流沟通的情趣，使双方身心愉悦。但是使用图释必须准确无误，否则会造成不必要的误解，效果将适得其反。

3.3.2 电子邮件礼仪

电子邮件（Electronic mail，E-mail），又称电子信箱，是一种通过网络实现相互传送和接收信息的现代化通信方式。电子邮件是迄今为止最为方便快捷的通信方式之一。收发电子邮件是利用网络办公最常见的内容之一，也是最重要的方式。在收发电子邮件的不同阶段，务必要遵循一定的规则。

1. 撰写与发送

(1) 管理好邮箱

邮箱具有私密性，要设置好密码，管理好邮箱。使用邮箱的过程中，要公私分明，如果是公务邮箱，不可损公肥私，将单位邮箱用作私人联系途径之用，不得将单位邮箱地址告诉别人。由于电子邮件跨地区甚至出国都是在点击之间，所以一定要注意不要在无意间泄露了商业机密、国家机密，从而造成无可挽回的损失。

不能随便发送无聊、无用的垃圾邮件，无端增加网络的拥挤度。

如果上网时间有限，可在脱机状态下撰写邮件，并保存在发件箱中。写完后再连接网络，一次性发送。

（2）填写准确

收件人的邮箱地址应准确无误地填写，QQ好友或经常联系的地址可通过通讯录查找，第一次填写的地址要仔细检查，确保准确。

在电子邮件的"主题"或"标题"一栏，应简短地写上邮件主题，以使对方对所收到的信息先有所了解，避免对方认为是恶意邮件，在没被打开之前就删除掉。

（3）内容简洁

在消息板块上撰写内容时，应遵照普通信件或公文所用的格式和规则。开头称呼对方，要用问候语，如"你好""Hello""Hi"等。

邮件正文要简洁，篇幅不宜过长，以便收件人阅读。用语要礼貌，以示对收件人的尊重。

结尾可以写致敬语，也可以写得口语化一些，如"祝你愉快""以后再谈"等，最后写上自己的姓名，也可以留下联系电话、地址等内容。如果是一封非常正式的邮件，则要和正式信笺的体式一样。

举例说明，如需发送一份稿件给对方并想征求对方的意见，可以这样说："××：您好！我发送给您的是一份关于××（事情或工作）的文章，希望能得到您的指点。这可能会耽搁您的时间，但您的指点将对我具有十分重要的意义，所以还是麻烦您了。谢谢，顺祝安康！"最后签署自己的姓名。

如果发送的是一份文书或资料，最好用"附件"发送，以便于接收人下载。另外，如有"附件"一定要在信件内容里加以说明，以免对方不注意时没看到。

撰写英文邮件时不能全部采用清一色的大写字母，因为那样代表着发件人对收件人盛气凌人的高声叫喊，会显得粗俗无礼。

2. 接收与回复

我们应当定期打开收件箱，查看有无新邮件，以免遗漏或耽误重要邮件的阅读和回复，应当及时回复邮件。我们一般应在收件当天予以回复，以确保信息的及时交流和工作的顺利开展。如果因涉及较难处理的问题，不能及时解决，也要告诉已收到邮件，再择时另发邮件予以具体回复。如果由于因公出差或其他原因而未能及时打开收件箱查阅和回复时，应迅速补办具体事宜，尽快回复，并向对方致歉。

对于那些标题古怪或者干脆没有标题、发信人的邮件，不要出于好奇而随便打开以免中计算机病毒。

3. 保存与删除

我们应当定期整理收件箱，对不同邮件分别予以保存和删除，不可使邮箱超过容量导致无法接收邮件。

对有价值、需要保存的邮件，应当复制成其他形式，更为安全地保留下来，既可复制在硬盘或闪存盘上，也可打印成稿，与公文归为一类。

对于和公务无关的垃圾邮件，或者已无实际价值的邮件，要及时删除，也可以对邮件进行自动删除管理，从而保证邮箱的使用空间和使用速度。

【小阅读】

十项网络基本礼节

礼节一：记住别人的存在

互联网给予来自五湖四海的人们一个共同的地方聚集，这是高科技的优点，但往往也使得我们面对着计算机屏幕忘了我们是在跟其他人打交道，我们的行为也因此容易变得更粗劣和无礼。因此网络礼节第一条就是"记住人的存在"。如果我们当面不会说的话在网上也不要说。

礼节二：网上网下行为一致

在现实生活中大多数人都遵纪守法，同样地在网上也如此。网上的道德和法律与现实生活是相同的，不要以为在网上与人交流就可以降低道德标准。

礼节三：入乡随俗

同样是网站，不同的论坛有不同的规则。在一个论坛可以做的事情在另一个论坛可能不能做。比方说在聊天室打哈哈发布传言和在一个新闻论坛散布传言是不同的。

礼节四：尊重别人的时间和带宽

在提问题以前，先自己花些时间去搜索和研究。很有可能同样的问题以前已经问过多次，现成的答案随手可及。不要以自我为中心，别人为我们寻找答案需要消耗时间和资源。

礼节五：给自己网上留个好印象

因为网络的匿名性质，别人无法从人的外观来判断，因此我们的一言一语成为别人对我们印象的唯一判断。如果自己对某个方面不是很熟悉，找几本书看看再开口，无的放矢只能落个灌水王的帽子。同样地，发帖以前仔细检查语法和用词，不要故意挑衅和使用脏话。

礼节六：分享我们的知识

除了回答问题以外，还包括当我们提了一个有意思的问题而得到很多回答，特别是通过电子邮件得到的知识我们应该写份总结与大家分享。

礼节七：平心静气地争论

争论是正常的现象，要以理服人，不要人身攻击。

礼节八：尊重他人的隐私

别人与我们用电子邮件或私聊（ICQ/QQ）的记录应该是隐私一部分。如果我们认识某个人用笔名上网，在论坛未经同意将他的真名公开也不是一个好的行为。如果不小心看到别人打开的电子邮件或秘密，我们不应该到处传播。

礼节九：不要滥用权利

管理员、版主比其他用户有更多权利，他们应该珍惜使用这些权利。游戏室内的高手应该对新手手下留情。

礼节十：宽容

我们都曾经是新手，都会有犯错误的时候。当看到别人写错字，用错词，问一个低级问题或者写篇没必要的长篇大论时，我们不要在意。如果我们真的想给他建议，最好用电子邮件私下提议。

（资料来源：http：//www.jiangzhetex.com/mop.asp？Boardid＝10&postid＝64）

3.4 书面通信礼仪

【引导案例】

大连鹏瑞信息技术有限公司
大连经济开发区新北路152号　　116031
手机：135××××××××
电话：0411-6939××××
鹏瑞您身边的网络营销专家
www.pengrui.cn

问题：

(1) 这封信函有哪些不足？什么原因所致？

(2) 发送信函应该遵循什么样的礼仪规范呢？

语言礼仪除了有声语言外，还有书面语言这种重要的无声语言。书面语言是通过文字向特定对象传递信息和进行思想感情交流的，它可以不受空间的限制，内容便于准备和修饰，便于运用文字述说事情原委和表达自己的思想感情，也便于传递一些难以启齿之言，因而具有特殊的作用。

书面语言在撰写、传递过程中，也必须遵循一定的礼仪规范，才能发挥更好的交流作用。下面从请柬、邀请函、贺信、贺函、贺电、慰问函、慰问信、慰问电、感谢信、感谢电、感谢公告、欢迎词、答谢词、祝词、祝酒词等具体文书中了解书面语言礼仪的相关内容。

3.4.1 请柬、邀请函

1. 请柬、邀请函的概念

请柬和邀请函都是邀请上级领导、有关单位或个人参加某项活动所使用的一种礼仪文书。它们都是人们为了表示郑重而发的，也都可以作为入场或报到的凭证。但两者却有所区别。请柬，也称请帖，一般用于联谊会、各种纪念活动、婚宴、诞辰或重要会议等，个人交往使用较多。而邀请函，又称邀请书、邀请信，是郑重邀请有关人员参加重大会议、重要仪典及纪念性活动而发出的书面通知，一般只有在公务活动中使用。请柬一般事先印制好,只需将被邀请者的姓名、时间、参加活动内容填入即可,邀请函的内容可以更加丰富些,篇幅可以更长些。

2. 请柬、邀请函的结构与写法

(1) 标题

直接写"请柬"或"邀请函",如果有封面,大多在封面上写明。邀请函有时也可以加"事由",如"关于××研讨会的邀请函"。

(2) 称谓

即被邀请单位名称或个人姓名。个人姓名后要注明职务或职称,如"××经理""××研究员",或写成"××先生""××女士"。

(3) 正文

请柬的正文要写清活动内容,如开座谈会、联欢晚会、生日派对、国庆宴会、婚礼、寿诞等。写明时间、地点、方式。如果是请人看戏或其他表演还应将入场券附上。若有其他要求也需注明,如"请准备发言""请准备节目"等。

邀请函的正文通常要求写出举办活动的内容、目的、时间、地点、活动方式、邀请对象等。活动的各种事宜务必在邀请书中写得清楚、周详。若附有票、券等物,也应同邀请函一并送给被邀请对象。若相距较远,则应写明交通路线、来回接送的方式、食宿安排等。其他差旅费及活动经费的开销、来源及被邀请人所应准备的材料文件、节目发言等也应在正文中交代清楚。邀请函一般还有回告单,请被邀请者回答是否能参加活动,邀请函上交代的事宜是否已办,有什么要求等。

(4) 敬语

要写上礼节性问候语或恭候语,一般以"敬请(恭请)光临""恳请光临""致以敬意"等作结。

(5) 落款和日期

写明邀请单位或个人的姓名,并署上发文日期。邀请单位还应加盖公章,以示慎重。

【例文】

请　　柬

××电视台:

　　兹定于五月四日晚八时整,在×××大学礼堂举行"五四"青年诗歌朗诵会,届时恭请贵台派记者光临。

××大学团委会
2013年10月12日

邀请函

尊敬的××先生/女士:

　　您好!

　　我们很荣幸地邀请您参加将于5月15—16日在北京21世纪饭店举办的"第27届联合国粮食及农业组织亚太地区大会非政府组织磋商会议"。本次会议的主题是:从议程到行动——继"非政府组织粮食主权论坛"之后。此次磋商会议由联合国粮农组织（FAO）和国际粮食主权计划委员会亚洲分会（IPC-Asia）主办，中国国际民间组织合作促进会协办。届时，来自亚太地区80多个民间组织的100余名代表将参加会议。本次会议宣言将在5月17—21日召开的第27届联合国粮食及农业组织亚太地区大会上宣读。

本次会议的主要议题包括：

1. 亚太地区粮食和农业领域的非政府组织如何在地区和国家层面执行"全球行动议程/公民社会战略"。

2. 亚太地区粮食和农业领域的非政府组织如何根据目前形势确定今后行动的参与者。

3. 参会机构起草非政府组织建议书提交给第27届联合国粮食及农业组织亚太地区会议，继续呼吁维护农民的利益。

真诚地期待着您的积极支持与参与！

中国××国际计划委员会亚洲分会
××××年××月××日

（资料来源：http：//www.chddh.com/fanwen/html/9171.html）

3.4.2 慰问函、慰问信、慰问电

1. 慰问函、慰问信、慰问电的概念

慰问函、慰问信、慰问电是以组织或个人的名义向遇到意外损失、巨大灾难的政府、集体或个人致意，表示安慰、鼓励、问候的专用书信。遇有天灾或其他意外的不幸事故或重伤、重病等，友好国家的政府、有关组织或友好人士，常致函、致电有关国家的政府、有关组织、受伤者本人或亲属，表示同情和慰问，使被慰问者感受到温暖，增强克服困难的勇气，保持不屈不挠的斗志。

2. 慰问函、慰问信、慰问电的结构与写法

（1）标题

直接写"慰问函""慰问信""慰问电"；"慰问对象＋文种"，如《致×××的慰问信》，"慰问双方＋文种"，如《××致××慰问信》。

（2）称谓

顶格写收信单位的名称或个人的姓名，个人姓名前加"敬爱的""尊敬的"等字样，之后可加"同志""先生"等。

（3）正文

①发文目的。该部分开宗明义，写清楚发此文的目的是代表何人向何集体表示慰问，并作慰问表示。

②慰问缘由和慰问事项。本部分要概括地叙述对方战胜困难、舍己为人、不怕牺牲的可贵品德和高尚风格；或者简要叙述对方所遭受的困难和损失，以示发信方对此关切的程度，要表明对慰问对象的希望、问候、鼓励以及关切之情。

③结尾。结尾提出希望，表明态度和决心。

(4) 结束语

以一句慰勉和祝愿的话作结束语,如"致以最亲切的慰问""致以诚挚的节日问候""祝取得更大的成绩"等相应的话语。

(5) 落款和日期

写发信者的单位名称或个人姓名及年、月、日。

【例文】

慰问函

香港特别行政区行政长官梁振英先生:

惊悉2012年10月1日晚上,香港特区南丫岛榕树湾对开海面发生撞船事故,造成30多人遇难、100多人受伤。对此,我深感悲痛,我谨代表广东省人民政府和全省人民,并以我个人的名义,向遇难者表示沉痛的哀悼,向遇难者家属和受伤人员表示深切的慰问。

粤港心脉相连、亲如一家。事故发生后,广东省立即组织专业救援队伍和4艘救援船赶赴事故现场,全力以赴配合救援工作,并将视情况需要提供进一步的后续救助行动,为香港同胞提供力所能及的帮助。

顺致

政祺!

广东省省长 朱小丹
2012年10月2日

(资料来源:http://www.gdemo.gov.cn/gzyw/sn/201210/t20121003_168432.htm)

3.4.3 感谢信、感谢电、感谢公告

1. 感谢信、感谢电、感谢公告的概念

感谢信、感谢电和感谢公告都是在受到邀请、接待、慰问,接到馈赠或得到他人帮助之后,表示谢意的文书。可以写信或致电表示感谢,有时候,也可以采取公告的方式致谢。

2. 感谢信、感谢电、感谢公告的结构与写法

(1) 称谓。顶格写,有的还可以加上一定的限定、修饰词,如"亲爱的""尊敬的"等。

(2) 问候语。如写"你好""近来身体是否安康"等。问候语独立成段,不可直接接下文。否则,就会违反构段意义单一的要求,变成多义段了。

(3) 正文。这是信的主体,可以是一大段,也可以分为若干段来书写。正文主要是对对方提出的帮助、给予的接待或赠送的礼品表示感谢;简单说明对方提供的帮助所起的作用或赠送的礼品在将来的用途等。

(4) 祝颂语。以最一般的"此致""敬礼"为例。"此致"可以有两种正确的位置来进行书写:一是紧接着主体正文之后,不另起段,不加标点;二是在正文之下另起一行

空两格书写。"敬礼"写在"此致"的下一行,顶格书写,后应该加上一个惊叹号,以表示祝颂的诚意和强度。

(5)落款和日期。写信人的姓名或名字,写在祝颂语下方空一两行的右侧。最好还要在写信人姓名之前写上与收信人的关系,如"儿××""父××""你的朋友××"等,再下一行写日期。

【例文】

募捐感谢信

尊敬的管理学院的老师和同学们:

你们好!

请接受管理学院团委、学生会对您和您的捐助行为表示由衷的感谢和敬意!

我院2006级张媛同学代表学校参加CUBA(全国大学生篮球联赛),比赛中不幸受伤,经医生诊断其左膝半月板完全粉碎、韧带断裂,伤势严重。

一方有难,八方支援!在得知张媛同学的消息后,学院党政领导高度重视,非常关心,并在第一时间向张媛同学和其家人伸出援助之手!老师和同学们纷纷询问伤情,并慷慨解囊,奉献爱心!自2008年4月21日至4月28日,我们在管理学院学生工作办公室设立了捐款箱,截止到4月28日,捐款总额已达到12207.00元,我们已将捐款用于张媛同学的治疗,希望她早日康复。

在这里,我们十分感谢所有关心、支持和援助张媛同学的老师和同学。是你们热情的问候、无私的援助,让她感受到情谊的高贵和大家庭的温暖;是你们点燃了她生活的希望和曙光;同样是你们给了她战胜伤情的决心和意志。她是出色的篮球运动员,更是一名优秀的学生;她意志坚强,我们坚信,有大家一如既往的支持和关心,有大家美好的祝福和期盼,她一定能战胜伤情,早日康复!

在此,请允许我们和您一起祝福张媛,祝福她早日康复!

在此,请允许我们和她一起感谢您和您的捐助,并祝福每一位有爱心的人好人一生平安。

致以最崇高的敬意和最衷心的感谢!

管理学院团委、学生会
2008年4月28日

(参考资料:http://office.jb51.net/fanwen/22.html)

3.4.4 欢迎词、答谢词

1. 欢迎词、答谢词的概念

欢迎词是指客人光临时,主人为表示热烈的欢迎,在座谈会、宴会、酒会等场合发表的热情友好的讲话。答谢词一般是在公共礼仪场合,对别人的帮助、招待或欢迎表示谢意时的致辞。

欢迎词与答谢词，在国际、国内的日常事务和人们的交往中使用相当广泛。尤其在国际交往中，欢迎词、答谢词一般并非只是表示迎送、致谢，讲话人在其中还要畅谈双方友谊，也往往就当时的国内外重大问题表明立场与看法，公开发表后常常起到宣传教育作用。

2. 欢迎词、答谢词的结构与写法

（1）标题

直接写"欢迎词""答谢词"；"讲话场合＋文种"，其中文种也可以是"讲话"，如《在××大会上的讲话》；"致词人＋讲话场合＋文种"，如《××在欢迎××宴会上的讲话》。

（2）称谓

对主宾客或首要主人要用全名，并在姓名后加职衔（有时也可只称职衔），还可加"先生"或"同志"等称呼，而在姓名（或职衔）前则加上"尊敬的""亲爱的""敬爱的"等表示亲切的词语。对在场的其他主客人员，一般用"女士们、先生们"或"朋友们、同志们"等泛称。如迎送的宾客是一个代表团，一般也用泛称，如"尊敬的××代表团各位朋友""女士们、先生们"等。

（3）正文

①开头。正文的开头要以热情洋溢的语句分别表示欢迎和感谢之情，并交代欢迎、答谢的原因。一般写"请允许我代表××向××表示热烈的欢迎（欢送）或表示衷心的感谢"。在措辞时，既要突出主要宾客，也要兼顾陪同人员。

②主体。正文的中间部分是欢迎词与答谢词的主体、核心，其主要内容都写在这里。要交代对方给予自己的照顾、接待、馈赠、授予，表明自己的希望、祝愿、感激之情。

欢迎词在这一部分一般要阐述和回顾宾主双方在共同的领域所持的共同的立场、观点、目标、原则等内容，概括地介绍来宾在各方面的成就及在某些方面做出的突出贡献。同时要指出来宾本次到访或光临对增加宾主友谊及合作交流所具有的现实意义和历史意义。

答谢词在这一部分可感谢主人的盛情接待，回顾在此期间内双方愉快的会面、成功的合作，简要地概括对方的新气象、好经验及自己对此的态度，赞扬主人为发展双方的友谊或合作做出的贡献，肯定这次来访或会议的成功及其意义、影响，提出自己的希望等。答谢词要注意与欢迎词的某些内容照应。这是对主人的尊重。即使预先准备了答谢词，也要在现场紧急修改补充，或因情因境临场应变发挥。

③结尾。通常在结尾处再次向来宾表示欢迎、感激之情，并表达自己对今后合作的良好祝愿。

【例文】

欢迎词

女士们、先生们：

值此×××厂30周年厂庆之际，请允许我代表×××厂，向远道而来的贵宾们表示热烈的欢迎。

朋友们不顾路途遥远专程前来贺喜并洽谈贸易合作事宜,为我厂30周年庆更添了一份热烈和祥和,我由衷地感到高兴,并对朋友们为增进双方友好关系作出努力的行动,表示诚挚的谢意!

今天在座的各位来宾中,有许多是我们的老朋友,我们之间有着良好的合作关系。我厂建厂30年能取得今天的成绩,离不开老朋友们的真诚合作和大力支持。对此,我们表示由衷的钦佩和感谢。同时,我们也为能有幸结识来自全国各地的新朋友感到十分高兴。在此,我再次向新朋友们表示热烈欢迎,并希望能与新朋友们密切协作,发展相互间的友好合作关系。

"有朋自远方来,不亦乐乎"。在此新朋老友相会之际,我提议:为今后我们之间的进一步合作,为我们之间日益增进的友谊,为朋友们的健康幸福,干杯!

(资料来源:http://baike.baidu.com/link)

××参观团团长××先生的答谢词

×部长、××饮料厂公关部的同志们:

我们今天初临贵境,刚下飞机就得到你们的热情接待。刚才陈部长还给我们详细介绍了情况和经验,给我们周到地安排了参观和吃饭、休息,使我们感到就像回到家里一样亲切、温暖,谨让我代表参观团的全体同志向你们——并通过你们向厂领导和全体职工致以衷心的感谢!

××饮料厂因其生产的高级××牌健康饮料质量上乘和慷慨捐助群众性体育活动而闻名全国。我们虽然远在千里之外的大西北,××饮料的名声也早已如雷贯耳。我们这次远道慕名而来,不仅想看看你们是怎样生产、学习和生活的,而且想要学习你们改革开放的新思想、新观念和宝贵经验。刚才×部长介绍的3条经验已经使我们感到耳目一新。在今天的参观访问中,我们一定能够学到更多的东西。我们参观团的成员全部来自企业,虽然不都是做饮料的,还有做电器的、微机械的、做家具的等,但我们相信,你们的宝贵经验于我们都会有极大的帮助和启发。

再次感谢东道主的盛情!

谢谢!

(资料来源:http://www.wxamw.com/gx/gwxz/lyws/41277/)

3.4.5 祝词和祝酒词

1. 祝词和祝酒词的概念

祝词,也可称为祝辞,是在礼仪性场合对人物、事情、会议或事业表示良好愿望和祝贺的言辞、文章或讲话稿。祝词可以表达情感、增进友谊,是人与人之间、单位与单位之间、国家与国家之间交往活动中不可缺少的重要手段和工具。

祝酒词,是祝词的一种,是在喜庆宴会或外宾招待会上,主人以酒为媒介,向宾客表示良好祝愿的讲话。祝酒,是现代社会招待宾客的重要礼仪。酒并不是祝的对象,而是人们交往中的一种媒介和一种祝愿形式。

2. 祝词和祝酒词的结构与写法

(1) 标题

标题有三种：第一种是由致辞者、致辞场合和文种共同构成，如《周恩来总理在欢迎尼克松总统宴会上的讲话》。第二种是由致辞对象和致辞内容共同构成，如《在张××先生和王××小姐婚礼上的祝词》。第三种是双标题形式，如《四化建设的生力军——在共青团第×次全市代表大会上的祝词》，也可以是肩题、正题法，如肩题是"在庆祝××公司成立三周年纪念会上"，正题是"××经理的祝词"。有的也可以不写标题。

(2) 称谓

一般要用全称，称谓要得体。有时还要注意具体场合，尽可能包括全部在场的人，如在有外国首脑以及外宾参加的集会或宴会上，先写对外国首脑的称谓，接着写"女士们、先生们"，然后再写"同志们、朋友们"。一般还会在姓名后面加上称呼甚至有关的职务头衔，以求敬重，如"尊敬的斯密斯博士"。

(3) 正文

①开头。首先应根据具体情况，或对会议的召开、活动的举行、工厂的开工，或对对方的喜庆、事业有成，或对贵宾的来访等表示祝贺或欢迎。如"向大会表示热烈的祝贺""向您八十大寿表示衷心祝贺""向您获得劳动模范称号表示衷心祝贺"等。

②写祝贺原因、祝贺事项、祝贺的意义等。根据具体情况，既可以追述已经获得的成绩，也可以畅叙友情发展的历史，还可以展望未来。如对重要会议或重大事件，可用相当的篇幅介绍形势、背景及重要意义；对重要人物，还要概括其主要功绩，给予适当的评价；对某人的事业有成，也可以简要介绍一下其成就，分析一下取得成就的原因，并给以鼓励。

③结尾。写希望、祝愿之语，一般都有固定的语言，如"祝会议取得圆满成功""祝开业大吉，生意兴隆""祝相亲相爱，白头偕老""祝健康长寿"或"福如东海，寿比南山""祝取得更大成就"或"更上一层楼""为……干杯"等。

(4) 署名和日期

一般情况下，正式的、较为隆重的祝词，都要在正文结尾后署上名字（是单位要写明全称）、日期，有的还要注明具体地点，也有的把日期写在标题下。

【小阅读】

谨祝各位圣诞快乐

〔英〕温斯顿·丘吉尔

各位为自由而奋斗的劳动者和将士：

我的朋友、伟大而卓越的罗斯福总统，刚才已经发表过圣诞前夕的演说，已经向全美国的家庭致友爱的献词。我现在能追随骥尾讲几句话，内心感到无限的荣幸。

我今天虽然远离家庭和祖国，在这里过节，但我一点也没有异乡的感觉。我不知道，这是由于本人的母系血统和你们相同，抑或是由于本人多年来在此地所得的友谊，抑或是由于这两个文字相同、信仰相同、理想相同的国家，在共同奋斗中所产生出来的同志感情，抑或是由于上述三种关系的综合。总之我在美国的政治中心地——华盛顿过节，完全不感到自己是一个异乡之客。我和各位之间，本来就有手足之情，再加上各位欢迎的盛意，我觉得很应该和各位共坐炉边，同享这圣诞之乐。

但今年的圣诞前夕，却是一个奇异的圣诞前夕。因为整个世界都卷入一种生死搏斗之中，使用着科学所能设计的恐怖武器来互相屠杀。假若我们不是深信自己对于别国领土财富没有贪图的恶念，没有攫取物资的野心，没有卑鄙的念头，那么我们今年的圣诞节，一定很难过。

战争的狂潮虽然在各地奔腾，使人们心惊胆跳，但在今天，每一个家庭都在宁静的、肃穆的气氛里过节。今天晚上，我们可以暂时把恐惧和忧虑抛开、忘记，而为那些可爱的孩子们布置一个快乐的晚会。全世界说英语的家庭，今晚都应该变成光明的和平的小天地，使孩子们尽量享受这个良宵，使他们因为得到父母的恩物而高兴，同时使我们自己也能享受这种无牵无挂的乐趣，然后我们担起明年艰苦的任务，以各种的代价，使我们孩子所应继承的产业，不致被人剥夺；使他们在文明世界中所应有的自由生活，不致被人破坏。因此，在上帝庇佑之下，我谨祝各位圣诞快乐。

（资料来源：http://www.docin.com/p-273615000.html）

第 4 章　商务人员交际礼仪

古希腊先贤亚里士多德曾经说过:"人在社会生活中,是难以避免与其他人进行交往的,一个人如果不同其他人进行任何交往,那么他不是一位神,就是一只兽。"这句名言阐明了这样一个道理,一个人在社会生活里欲生存下去,就必须与他人交往,没有交往,就难以生存、发展。

具有较强的交际能力,是现代人立足于社会并求得发展的重要条件。人际交往是有一定礼规可循的。本章着重阐述介绍礼仪、见面礼仪、名片礼仪、礼品馈赠礼仪等日常交往的礼规。熟练掌握并运用本章所述知识,可在与人交际过程中做到从容不迫、应付自如,也可在社交活动中避免尴尬和误会,从而在工作事业中达到事半功倍的效果。

4.1　介绍礼仪

【引导案例】

令人不满的热情

在一次接待某企业团队到访的任务中,张建与该企业团长熟识,因而作为主要迎宾人员陪同老总前往机场迎接宾客。当该企业团长率领其他工作人员下飞机后,张建面带微笑,热情走上前,先于老总与该团长握手致意,表示欢迎,然后转身向自己的老总介绍了这位团长,接着又热情地向团长介绍了随自己同来的其他部门经理。张建自以为此次接待任务完成得相当顺利,但他的某些举动令老总及其他部门经理十分不满。

问题:

(1) 张建的哪些举动令老总及其他部门经理十分不满?

(2) 张建应该怎么做?

在社交或商务场合中,人与人之间的沟通首先需要向交往对象说明自己或他人的具体情况,即介绍。介绍是社交活动中最常见也是比较重要的礼节之一。可以说,人际交往始自介绍。介绍是初次见面的双方进行相互沟通的起点,能大大缩短人与人之间的距离,从中起到桥梁和纽带的作用。介绍礼仪也是礼仪中的基本内容之一。

应该做介绍的场合包括:与亲朋好友结伴出行时遇到亲朋好友不认识而自己认识的同事或朋友;携带亲朋好友前去拜访他们不认识的人;陪同他人时,遇见了与同伴互不相识但向自己打招呼的熟人；在日常社交场合，接待互不相识的客人或来访者；在出差、办事及工作时，遇到不认识的同事；参加聚会，与会者相互不认识等。介绍的形式主要包括自我介绍和为他人介绍两种。

4.1.1 自我介绍

现代人要生存、发展，就需要与他人进行必要的沟通，以寻求理解、帮助和支持。介绍是人际交往中与他人进行沟通、增进了解、建立联系的一种最基本、最常规的方式，是人与人进行相互沟通的出发点。像汽车服务人员，如能正确地进行自我介绍，就可以有助于自我展示、自我宣传，从而给客户留下深刻的印象，便于营销工作的进一步开展。

自我介绍，就是在必要的社会场合，把自己介绍给其他人，以使对方认识自己。恰当的自我介绍，不但能增进他人对自己的了解，还可创造出意料之外的商机。

一、自我介绍的类型

自我介绍根据介绍人的不同，可以分为主动型自我介绍和被动型自我介绍两种类型。

（一）主动型自我介绍

在社交活动中，欲结识某人却无人引见的情况下，即可自己充当自己的介绍人，将自己介绍给对方。这种自我介绍称为主动型的自我介绍。

（二）被动型自我介绍

应其他人的要求，将自己某些方面的具体情况进行一番自我介绍。这种自我介绍则称为被动型的自我介绍。

在实践中使用哪种自我介绍的方式，要看具体环境和条件而定。

二、自我介绍的顺序

自我介绍的顺序如图 4-1 所示。

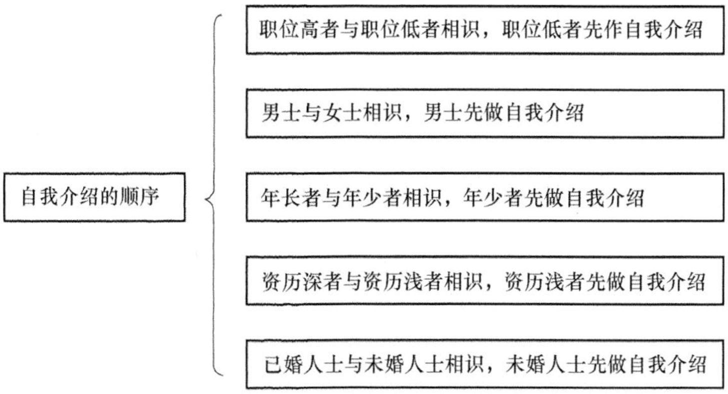

自我介绍的顺序
- 职位高者与职位低者相识，职位低者先作自我介绍
- 男士与女士相识，男士先做自我介绍
- 年长者与年少者相识，年少者先做自我介绍
- 资历深者与资历浅者相识，资历浅者先做自我介绍
- 已婚人士与未婚人士相识，未婚人士先做自我介绍

图 4-1　自我介绍的顺序

三、自我介绍的形式

自我介绍时应首先向对方致意，得到对方回应后再进行自我介绍。自我介绍的形式主要包括以下几种。

（一）应酬式自我介绍

应酬式自我介绍最为简洁，往往只包括姓名一项即可，适用于一般性社交场合。如"你好！我叫邓超""你好，我是孙俪"。

（二）商务式自我介绍

商务式自我介绍以工作为中心进行，内容包括姓名、单位、职务、具体工作等事项，适用于工作场合。例如，"您好，我叫张玮，是天久汽车服务有限公司的销售经理""我是吴鹏，从事汽车维修工作"等。

（三）社交式自我介绍

社交式自我介绍是希望进一步交流和交往。其内容包括姓名、工作、籍贯、学历、兴趣以及与对方某些熟人的关系等事项，适用于社交活动中。例如，"您好，我叫张玮，是天久汽车服务有限公司的销售经理，我和吴鹏是高中同学。""我是吴鹏，来自大连，和董洁是老乡，也是同事。"

（四）礼仪式自我介绍

礼仪式自我介绍是表示友好、敬意的自我介绍。其内容除包括姓名、工作、单位等基本内容之外，还要加入一些谦词和敬语，适用于讲座、报告、仪式、庆典、演出等正式而隆重的场合。例如，"各位来宾，大家好！我叫邓超，是天久汽车服务有限公司董事长。我代表天久汽车热烈欢迎大家光临本次展览会……"

（五）问答式自我介绍

问答式自我介绍通过问答方式交流，有问有答，适用于应试、应聘和公务交往。例如，面试官："请简单介绍一下你的基本情况。"面试者："大家好！我叫李洋，今年22岁，哈尔滨人，毕业于大连汽车职业技术学院汽车服务与营销专业……"

四、自我介绍的姿势

自我介绍的姿势如图4-2所示。

五、掌握好自我介绍的分寸

想要自我介绍恰到好处、不失分寸，就必须高度重视下述几个方面的问题。

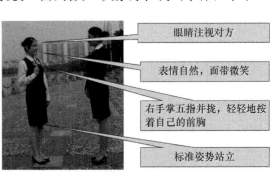

图4-2 自我介绍的姿势

（一）简洁

进行自我介绍一定要力求简洁，尽可能地节省时间。通常以半分钟左右为佳，如无特殊情况最好不要长于1分钟。为了提高效率，在做自我介绍时，可利用名片、介绍信等资料加以辅助。

（二）掌握时机

自我介绍应在适当的时间进行。进行自我介绍，最好选择在对方有兴趣、有空闲、情绪好、干扰少、有要求之时。如果对方兴趣不高、工作很忙、干扰较大、心情不好、没有要求、休息用餐或忙于其他交际之时，则不太适合进行自我介绍。

（三）要繁简适度

自我介绍时，自己的姓名应该着重说明，以利于对方深刻地记住。职业、职务、工作单位、意图、特长等情况视交际目的，或详细或简略地介绍。

（四）要选准内容

介绍自己什么该说，什么不该说需要考虑清楚。公开场合，属于隐私内容不宜讲。业务交流需要，必须说明的内容应该介绍清楚。例如，在商务往来中，自己的职务身份、业务范围就需要交代清楚。

（五）要善于表述

巧妙风趣的话风，会为个人魅力增色。在介绍自己时用上与众不同的语言一定能起到不同凡响的效果。

4.1.2 为他人介绍

为他人作介绍时应当注意：谁充当介绍人、介绍者的姿势、介绍他人的顺序、介绍方法等几个方面的礼仪。

一、介绍人的选择

一般而言，如果家里来客人，主人可作为介绍人；单位来客人，专职人员（如公关人员、文秘等）可担当介绍人；如果是贵宾来访，应由单位的高级领导担任介绍人。在正式的商务交往中，东道主、长辈、聚会主要负责人、身份或地位较高者、专职人员、双方熟悉者等，都可以作为介绍人为他人进行介绍。

二、介绍人的姿态

介绍人在为他人做介绍时，无论介绍哪一方，态度都应该热情友好，语言要清晰明快。上体前倾15°，手臂与身体成50°～60°。手势动作文雅，手心朝左上，四指并拢，拇指张开，胳膊略向外伸，指向被介绍的一方，并向另一方点头微笑，用自己的视线把另一方引导过来。介绍人不能用手拍被介绍人的肩、胳膊和背等部位，更不能用食指或拇指指向被介绍的任何一方。介绍他人的姿势如图4-3所示。

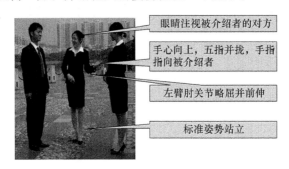

图4-3 介绍他人的姿势

介绍人在介绍后，不要随即离开，应给双方交谈提示话题，例如，相同或相似的经历、共同的爱好和相关的职业等，双方开始交谈后，再去招呼其他客人。当两位客人正在交谈时，不要立即给其介绍他人。

三、介绍他人的顺序

介绍的先后顺序应遵守"尊者优先了解情况"的原则，先介绍位卑者，后介绍位尊者，以表示尊敬之意。在介绍他人时，目前国际公认的商务礼仪顺序大致有以下几种。

（1）介绍长辈与晚辈认识时，应先介绍晚辈，后介绍长辈。例如，"王老师，让我来介绍一下，这是我的同学李明。"

（2）介绍女士与男士认识时，应先介绍男士，后介绍女士。例如，"孙小姐，让我来介绍一下，这是我的朋友高飞。"

（3）介绍同事、朋友与家人认识时，应先介绍家人，后介绍同事、朋友。例如，"李先生，我想请您认识一下我的女儿凝凝。"

（4）介绍上级与下级认识时，先介绍下级，后介绍上级。例如，"王总经理，这位是天久汽车服务有限公司的销售顾问吴鹏。"

（5）介绍已婚者与未婚者认识时，先介绍未婚者，后介绍已婚者，例如，"田女士，让我来介绍一下，这位是我的朋友王小姐。"如果不能确定被介绍者已婚还是未婚，则不存在先介绍谁的问题，可随意介绍。

（6）介绍与会先到者与后来者认识时，应先介绍后来者，后介绍先到者。例如，"王先生，让我来介绍一下，这位是我的好朋友李明（刚到）。"

为他人做介绍的顺序如图4-4所示。

四、被介绍者的礼仪

当介绍者走上前来，开始为我们进行介绍时，被介绍者双方应该起身站立，面含微笑，大大方方地目视介绍者或对方。长辈和女士有时可以不用站起。在宴会、谈判会上只略欠身致意即可，被介绍者只要微笑点头，相距较近可以握手，远者可举右手致意。

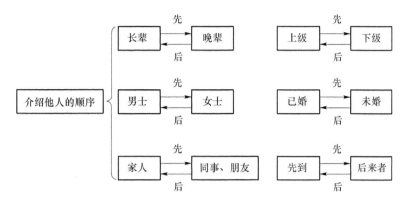

图 4-4　为他人做介绍的顺序

当介绍人为双方介绍时，被介绍人应向对方点头致意，或握手为礼，并以"您好""很高兴认识您"等友善的语句问候对方，表现出结识对方的诚意。

当介绍者介绍完毕后，被介绍者双方应依照合乎礼仪的顺序进行握手，彼此问候一下对方，也可以互递名片作为联络方式。

五、集体介绍

即把某一集体的情况向其他人说明。

（1）两个集体：把地位低的一方先介绍给地位高的一方。地位低的一方一般是东道主，地位高的一方一般是客人。

（2）集体和个人：仅把个人介绍给集体，不向个人介绍集体的情况。例如，把某位专家介绍给某单位全体员工。

4.2　见面礼仪

【引导案例】

如何打招呼

在我们身边经常会发生一些情景，在这些见面的情况下，应该怎样打招呼呢？

A：当我们在校园里与老师迎面相遇时……

B：服务场所的服务工作人员在与客人见面时……

C：认识新朋友时……

问题：

（1）你经常用到哪些礼貌用语？

（2）你见到认识的人常常是怎样问候或打招呼的？

见面礼仪是人际交往的第一步。在社会交往中，无论哪个时代、哪个国家、哪个民族、哪种文化、哪种信仰；不管是商务洽谈，还是朋友聚会；也不管是途遇偶见，或是初次相识；人们见面时都会遵循某种法则或者习惯，来表示彼此的尊敬、问候或祝福。人们日常见面既要态度热情，也要彬彬有礼。管仲有言："善气迎人，亲如弟兄；恶气迎人，害于戈兵。"见面礼仪规范使用得正确、得体，可以帮助人们协调彼此的关系，沟通彼此的感情，从而使得交往双方建立良好的交际关系。所以，见面礼仪就是人们见面时用来表示问候、尊敬、祝福、关心的语言或行为的规范。

4.2.1 打招呼

一、打招呼的称谓

称谓是指人们在交往过程中彼此称呼对方的一项礼貌细节，它表示着人与人之间的关系，显示出一个人的修养，在某种程度上反映了社会风尚。

称谓总的要求是称谓得体、有礼有序，并且要符合身份。

（一）国内常用的称谓

（1）职务职称：以其所担任的职务相称，如"董事长"。

（2）职业称谓："律师先生""护士小姐"。

（3）姓名称谓：在"先生""小姐""同志"之前冠以姓氏。

（4）代词称谓：如"您""他"等。

（5）亲昵称谓：亲属、好友间的称呼。

（6）通用称谓：称男士为"先生"，称女士为"夫人""太太""女士"和"小姐"。一般称谓前面可冠以姓氏，如"田先生""程女士"。

（二）使用称谓的注意事项

（1）以绰号相称：在任何情况下，当面以绰号称呼他人都是不尊重对方的表现。

（2）地域性称呼：有些称谓具有地域性特征，如"师傅""小鬼"等，不宜不分对象地滥用。

（3）简化不当的称谓：在正式场合，有不少称谓不宜随意简化。例如，把"范局长"称为"范局"就显得不伦不类。

（4）以生理特征相称：在工作中，特别在职场交往的时候，如果以生理特征相称是不尊重对方的表现，如"胖子""瘦子""瘸子""四眼"等。

（5）称兄道弟：青年人称呼他人要慎用或不用"哥们儿""姐们儿"之类的称谓，

以免给人以"团伙"之嫌。

总之,称谓的选择应该根据不同的对象、不同的场合,以文明礼貌为原则。

(三)称呼的技巧

1. 初次见面要注意

初次与人见面或谈业务时,要称呼姓与职务,要一字一字地说清楚,例如,"李总经理,您好……"如果对方是个副总经理,可删去那个"副"字;但若对方是总经理,不要为了方便把"总"字去掉,而变成经理。

2. 称呼不可一带而过

在交谈过程中,称呼对方时,要加重语气,称呼完了停顿一会儿,然后再谈要说的事,这样能引起对方的注意。如果称呼一带而过,对方听着既不顺耳,也听不清楚,就更不能引起听话的兴趣。

3. 关系越熟越要注意

与对方熟悉之后,也不要因此而忽略了对对方的称呼,尤其是有其他人在场的情况下。人人都需要被人尊重,越是朋友,越要彼此尊重,如果熟了就变得随随便便,"老王""老李",甚至用一声"唉""喂"来称呼,这样极不礼貌,让对方难以接受。

【小阅读】

"陈老"

著名传记作家叶永烈在着手写陈伯达传记时,要去采访陈伯达。采访时究竟怎样称呼陈伯达,叶永烈颇费心思。如果称呼"陈伯达同志",显然不行,因为陈伯达当时是在监狱服刑的犯人,叫他"老陈",也不好,因为他已经84岁了,而自己才48岁,究竟该怎样称呼他呢,叶永烈辗转反侧,突然灵机一动,称呼他"陈老",这是再恰当不过的称呼了。果然,第二天采访时,叶永烈一声"陈老",使陈伯达万分感动,眼中充满了泪花。可见,一个得体的称呼真可谓是交际的"敲门砖"。

二、打招呼语言礼节

(一)问候式招呼语

人们见面时,最常用的打招呼的语言就是问候对方。招呼语主要有以下两种:标准式问候用语,如"你好!""您好""小姐好""先生好""各位好""大家好"等;时效式问候用语,如"早上好""晚安""日安"等。

(二)寒暄式招呼语

寒暄是社会交往中,双方见面时以天气冷暖、生活琐事等话题作为语言的开场白,借以向对方表示自己的敬意。目的是在交流中打破僵局,缩短人际距离,或是借以向对方表示乐于与之多结交之意。在与他人见面之时,若能选用适当的寒暄语,是必不可少的礼仪内容。

典型例子有"今天天气真好""你的气色不错嘛""你冷吗",还有"你吃饭了吗""你干什么呢""上哪里去呀"。这些貌似询问的话,其实并不是问者真想知道对方的起居行止。在中国漫长的封建社会中,"民以食为天",大多数劳动者求的就是能够吃饱肚子。因此,问对方有没有吃饭便是向对方表示一种关心。像"你干什么去?"是与对方擦身而过,为了表示看见了对方,以此语代替一切语言。至于对方干什么,去哪里都无关紧要。这都是为了表示对对方的友好、关切之意。

(三)情景式招呼语

情景式招呼主要用于一些特定时间和场合。如初次见面礼貌的招呼语一般使用"很高兴能认识您""见到您非常荣幸""久仰您的大名""幸会"等,以表示敬重、仰慕、热情友好。又如一些喜庆场合,传统节日常用的祝福语"恭喜恭喜!""节日好!"。

(四)服务场所用语

服务场所的服务工作人员在与客人见面时,应使用热情而礼貌的招呼语:"欢迎光临""我能为您做些什么吗?""请问您需要帮助吗?""随时为您效劳""很高兴为您服务"等。

(五)其他式招呼语

在日常的社会交往、商务活动中,还有一些其他的比较灵活的打招呼方式。一些善于交际的人常针对的人和事,说上几句话,使得陌生或紧张的局面得到缓解。如夸赞语言"这位小姐的打扮真漂亮""您店里的生意很兴隆啊""你的风格可不一般哦"等。又如主动攀认的招呼语"老乡,你是湖南人吧""朋友,我们可以聊聊吗?"等。

"您在哪发财?"是我国近几年才时兴起来的问话。这句招呼语如实反映了近几年来从上到下以经济建设为中心,全民奔富裕的文化心理,折射出温饱后人民的更高追求,是一个历史的进步。

(六)招呼语注意事项

人们在生活、工作、娱乐中,招呼语言的使用非常频繁。在商务交际的活动中占有相当重要的地位。招呼方式是否得当,往往会成为交流双方关系变好或变坏的转折关键。有些不恰当或者不合时宜的招呼语应该避免使用。相声节目里将一对熟人在通往厕所的通道里的招呼语作为包袱,因为他们随口招呼的是"你吃了吗?"当然引来笑声不断。这是警示人们在生活中的言行。见面时还需注意不可向仅有数面之缘的朋友提问如"你不认得我吗?""你还记得我吗?"对方若真的不记得了,无论是实话实说还是假装记得却叫不出名字,彼此都会觉得非常尴尬。所以,注重招呼语言的正确使用是做好见面礼仪的良好开端。

三、打招呼体姿致意礼节

(一) 点头致意

点头致意也就是点头礼或称颔首礼,是人们常用的最便捷的招呼方式。通常使用在途遇、会场和迎送等不宜交谈的场合。行进在过道为保持安静,或在宽阔嘈杂的街道上,置身在公共娱乐场所之中,或者浅交之友间,或同一地点多次碰面,或者熟人常见等场合,均可点头致意打招呼。

点头姿势的基本要领:头部稍微向下一动,幅度不大,动作轻缓,注视对方,并辅以微笑。

(二) 欠身致意

欠身致意是向对方表示自谦的礼貌举止。比较适合主人奉茶,或是自己被介绍,或在领导、长辈、客人来访,只做短暂停留时。

欠身姿势的基本要领:面带微笑,双眼直视对象,全身或上半身稍向前倾,头部略点(也可不低头),稍停片刻即可,如图4-5所示。欠身和鞠躬不同之处在于头部和腰部。鞠躬时要低头,且必须直立站稳后施礼。欠身则可站着,也可坐着行礼。

图4-5 欠身致意

(三) 挥手致意

挥手致意也称举手致意。常常和其他致意礼同用,也可单独使用。手举至不同高度的姿势适合不同的场合。

挥手致意要领:一般行礼对象较远,手举过头部挥动致意。如果距离适中,则手举在胸部以上,耳部以下,约在肩部位置适宜。手位放在胸部以下则显示散漫随意,礼貌不周。

(四) 抱拳、拱手、作揖致意

抱拳、拱手致意是我国古代见面礼节之一,有着两千多年的历史。这一传统礼节在现代社会因其简单易行,有浓厚的传统风格,而被很多人喜欢并沿用。如果到人家做客,在进门与落座时,主客相互客气行礼谦让,这时行的是作揖之礼,称为"揖让"。向人致谢、祝贺、道歉及托人办事等也常行作揖礼。

抱拳、拱手、作揖致意姿势的基本要领:方式是双手合抱(一般是右手握拳在内,左手加于右手之上)举至胸前。立而不俯,表示一般性的客套。拱起再按下去,同时低头,上身略向前屈,表示郑重致礼。拱手加弯腰,两手在胸前合抱,求向前俯,额触双手,即为作揖。

（五）脱帽致意

脱帽致意在商务交际场合中主要是男士使用的礼节。当戴帽男士见到女士、长辈、上级时，应用距离对方稍远的那只手摘下帽子，并点头向对方致意。同戴帽子的男士见面相互也应脱帽致意。途遇时也可掀一下帽檐点头行礼。在西方礼节中，也有只用手指指尖触点到帽檐微笑即可，稍显随意。

四、混合使用的招呼礼节

通常人们在打招呼时，大都采用一边说话，一边施礼的形式。如点头的同时说"你好！"挥手的同时说"嗨！见到你很高兴！"作揖的同时祝福对方："春节好！"同时使用有声语言和体姿动作打招呼，表示对方的高度热情和友好，是礼貌周全的礼节，在很多的正式商务场合，应该注意规范使用。

混合礼节要点：使用混合型礼节时要注意体姿和语言的同步性。不要做完体姿再说话，或话音已落又再加个动作，这样显得不自如。施礼过程不流畅、不自然是违背礼仪法则内涵的。

五、打招呼的顺序礼节

打招呼的礼节很多，可选其中一种也可数种兼用。但不论怎样使用，在各种不同的时间、场合都讲究依序而行。男士应先向女士打招呼致意，年轻人应先向长辈打招呼致意，下级应先向上级打招呼致意，主人应先向客人打招呼致意，先到者应先向后来者打招呼致意，服务工作人员先向客户打招呼致意。当少数面对多数时，应是少数先行礼为佳。在他人向自己打招呼后，应该立即答礼，以相应的礼节回敬。在日常生活中，有很多朋友没有养成互动与人打招呼的习惯，或者无视对方的招呼，对投来的敬意无动于衷。这样的行为是无礼、没有修养的表现。

4.2.2 握手

握手礼是在一切交际场合最常使用、适应范围最广泛的见面致意礼节，是沟通思想、交流感情、增进友谊的重要方式。据说，它起源于原始社会的摸手礼。相传当时人们在路遇陌生人时，如果双方都无恶意，就放下手中的东西，伸开双手让对方抚摸掌心，以示友善。沿袭至今，就成了现在的握手礼。现代人的握手礼表示友好、亲近、寒暄、感谢、道别、祝贺或相互鼓励等含义。

一、握手的场合

应握手的场合有：迎接客人到来时；久别重逢时；当被介绍与人相识时；偶遇熟人时送别客人时；赠送礼品、发放奖品时；别人帮助自己时；觉得有必要握手时。

以下情况不宜握手：当对方满手都是东西时；对方的地位比自己高许多时，这种情况下，如果刻意上前与之握手，即有别有用心或巴结之嫌了；对方手部负伤时；对方与自己距离较远时；对方所处的环境不适合握手时。

【小阅读】

握手的由来

相传，在刀耕火种的年代，人们经常持有石头或棍棒等武器，陌生者相遇，双方为了表示没有敌意，便放下手中的武器，并伸出手掌，让对方抚摸掌心。久而久之，这种习惯便逐渐演变为今日的握手礼节。握手并不是一种全球性的礼节，在某些国家，握手仅限于特定的场合，如在美国一般被第三者介绍后才握手；在日本见面的一般礼节是鞠躬；在东欧的一些国家，见面后互相拥抱。

二、握手的正确姿态

（一）注意体态

行握手礼时，应起身站立，距离对方约一步，两足立正，上身微微前倾，面带微笑，凝视对方，不可目光他顾，心不在焉。只有女士在社交场合才可以有所例外，可用微笑点头的方式表示。

（二）使用右手

与他人握手时，应伸出右手握住对方的右手，用左手与别人握手，一般被认为是不礼貌的，只有在特殊的情况下才允许那样做。

正确的做法是：右手四指并拢，拇指自然向上张开向受礼者伸出，在齐腰的高度与对方恰到好处地认真一握，一旦接触，便应轻轻放下拇指，用其余四指包住对方右手除拇指之外的其他四个手指，礼毕即松开。仅仅握住对方手指的指尖，或者握住对方的整个手掌，或者握对方的手腕，都是失当的。但与女士握手时，一般只握其手指部分，约为手掌的1/3。各种方式具体如图4-6、图4-7、图4-8所示。

图4-6 女士与女士握手

图4-7 男士与男士握手

图4-8 男士与女士握手

（三）时间恰当

握手的时间不宜过长也不宜过短。握手的时间过短，有敷衍对方之嫌；握手的时间过长,则会显得热情过度。通常情况下握手的时间应以3~5秒为宜,如初次见面,以不超过3秒为宜。与女士握手的时间不宜过长,握住女士的手不放,是很不礼貌的。

(四)力度适当

握手要坚定有力,晃动两三下即可。握手过于无力,漫不经心,给人一种毫无生命之感;握手过于用力,有失文雅,给人一种粗野蛮横之感。

握手的姿态如表4-1所示。

表4-1 握手的姿态

姿势	1. 拇指张开,四指并拢; 2. 右手手臂前伸,肘关节屈; 3. 行礼时,距受礼者约一步; 4. 两足立正,上身稍向前倾
手势	手掌直伸
手位	1. 男士与男士握手——握手掌,虎口相对; 2. 男士与女士握手——男士握女士的手指; 3. 女士与女士握手——手指相握
时间	两手交握3~5秒,上下晃动两次
力度	略微用力
神态	专注、热情、友好、自然、互动
眼神	双眼注视对方的双眼
微笑	真诚微笑,气氛融洽

(五)稍作寒暄

与别人握手时,最好能加以适当的问候语或敬语,如"很高兴见到您!""幸会!""谢谢!""恭喜你!"等。

握手的姿势如图4-9所示。

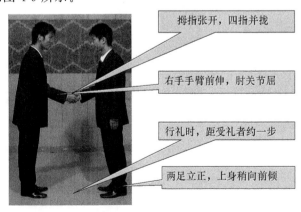

图4-9 握手的姿势

三、握手的先后顺序

握手的次序主要根据握手双方所处的社会地位、身份、性别和各种条件来确定。一般来说,双方握手时,应遵照"先高后低、先长后幼、先主后宾、先女后男"的原则。具体而言,地位高者与地位低者握手时,应由地位高者先伸手;长辈与晚辈握手时,应由长辈先伸手;女士与男士握手时,应由女士先伸手。主人与客人握手的情况比较特殊,客人抵达时,应由主人先伸手,以表示欢迎;客人告辞时,应由客人先伸手,以表示请主人就此留步。

若一人与多人握手时,要依具体的情况来定。若握手对象地位尊卑较为明显,则可按由尊而卑依次进行;若握手对象地位尊卑不明显或难以区分之时,则可由近而远依次进行。

四、握手的注意事项

（1）注意握手时的仪表。握手时不能戴手套,但女士戴薄手套是许可的;同样握手时不宜戴墨镜,有故意与对方"拉开距离"之嫌。

（2）注意握手时的仪态。与别人握手时,另一只手应当在身体的一侧自然垂放,不能一手插入衣兜与人握手,容易给人造成过分随便的印象。也不能一边握手一边走动,尤其不要跨着门槛,一脚门内一脚门外地与别人握手。

（3）注意手心方向。握手时手心向下,显得傲慢,给人以居高临下之感,是一种"控制式"的握手方式;手心向上,表示谦卑与恭敬,是一种"乞讨式"的握手方式;掌心垂直于地面,则表示平等待人。

（4）不能交叉握手。若多个人同时在场,要逐个按职位高低的先后顺序握手,决不能交叉着握手。

（5）不要在握手时另外一只手依旧拿着东西而不肯放下。

（6）不要在握手之后,立即揩拭自己的手掌,好像与对方握一下手就会使自己受到"污染"。

（7）不要拒绝与他人握手。即使对方没有顾及礼仪次序,也要宽容地与对方握手。

五、世界各国的握手习惯

不同的国家,人们握手的方式、方法都不尽相同,对握手的重视程度也有高有低,握手的力度、时间长短、顺序及是否应与女性握手都应依据各国风俗而定。在国外与当地人打交道之前,如能事先了解一些当地的风俗习惯,可避免因握手而产生的误会,拉近双方的距离。

在日本,鞠躬最常用,表示敬意和尊重。而握手表示亲睦、和解或合作。日本人习惯轻轻地握手,这并不代表虚弱,而是表示谦虚和诚意。美式握手则是握手有力、稳健,上下摇动两三次。欧洲人握手只是用力适中地轻握一下就够了。在阿拉伯国家,男人每天都要握好多次手,即使每天见面多次。他们遵守"尊者优先"的原则,先与最重要的人握手,再依次与其他人握手。男士不主动与女士握手,所以在阿拉伯国家,女士要注意不要主动与男士握手。如若与女士握手,男士会把手缩到袖子里,隔着衣服将手伸出，这是为了避免肌肤的接触，女士可以就这样隔着垂下来的袖子与男士握手。印度的男子通常也不与女士握手。在非洲、亚洲和中东一些地区，人们忌讳使用左手，认为它是"不洁净的手"，所以，握手时一定要用右手，而不要用左手。在瑞典、德国、法国和包括东欧在内的许多欧洲国家，当到达和离开时，必须与每一个人握手，切忌在中途停止。握手时应从地位最高的或岁数最大的人开始。地位最高的人一般会先伸出手。在亚洲虽然不必与每个人一一握手，但仍需考虑场合。

【小阅读】

握　　手

在日内瓦会议期间，周总理曾两次向美国代表伸出手，表现了一个泱泱大国自信大度的风范，但美国代表杜勒斯却想出各种办法避免与周总理握手，还要用种种托词掩饰，处处被动小气，顾首顾尾，实在不是什么高明的、有大家风范的举动。其实，早在1952年4月30日，周总理在《我们的外交方针和任务》的讲话中，就把"礼尚往来"作为一条方针提出来。他说："资本主义国家，你对我好，我也对你好；你对我不好，我也对你不好。针锋相对，来而不往非礼也。我们总是采取后发制人的办法，你来一手，我也来一手。"

周总理后来曾多次以美国外交机构不许与中国人握手这一僵化无礼的事例，抨击当时美国政府的错误政策。实际上周恩来后来多次提到"握手"一词，已超出杜勒斯拒绝与他握手这一事件本身，而是具有更为广泛的内涵了。它反映出周总理的长远战略眼光和高超的斗争艺术。对此事印象最深的莫过于首次访问中国的美国总统尼克松（图4-10）。

图4-10　尼克松访华

1972年2月，尼克松在飞往北京的航程中对工作人员说了六点要求，要他们在飞机到达北京首都机场的时候不要紧跟着他出舱门，要让美国总统独自与周恩来握手，以弥补当年杜勒斯的失礼。1972年2月21日，尼克松乘坐的"空军一号"在北京着陆以后，他即和夫人走下舷梯。这时，周恩来正在寒风中等着他。尼克松在回忆录中写道："我知道，1954年在日内瓦会议时福斯特·杜勒斯拒绝同周恩来握手，使他深受侮辱。因此，我走完舷梯时决心一边伸出我的手，一边向他走去。当我们的手相握时，一个时代结束了，另一个时代开始了。"

4.2.3　鞠躬

鞠躬礼是人们在生活中用来表示对别人的恭敬而普遍使用的一种致意礼节，既适用于庄严肃穆或喜庆欢乐的仪式，又适用于一般的社交场合。东方人多行鞠躬礼。

鞠躬礼是中国古代汉族的礼仪风俗，早在先秦以前就已经产生了，它可以追溯到商代古老的祭天仪式——鞠祭。鞠祭时,作为祭祀的猪、牛、羊必须保持完整形状,这种形式后来用于人们现实的交际活动中,在向地位高、辈分高的人表示尊敬与虔诚时,用鞠躬来表示。

一、鞠躬礼的姿态

鞠躬礼有两种:一种是三鞠躬,又称最敬礼。鞠躬之前应脱帽或摘下围巾,身体立正,目光平视,身体上部向前下弯90°,然后即恢复立正姿势,如此连续三次(图4-11)。另一种是一鞠躬,适用于一般的社交场合,行礼时身体上部向前倾斜15°(图4-12)或20°,随即恢复原态,只做一次,受礼者应随即鞠躬还礼。但长者、贤者、宾客、女士还礼可不鞠躬,用欠身、点头、微笑还礼即可。

图4-11　90°鞠躬

图4-12　15°鞠躬

二、行鞠躬礼的礼仪

(1) 地位低的人要先鞠躬。

(2) 地位较低的人鞠躬要相对深一些。

(3) 男子鞠躬时,手放身体两侧,手掌贴大腿外侧(日本人在表示恭敬时要将手放在双膝上)。女士鞠躬时,双手互握于体前。

(4) 鞠躬礼的还礼。别人向自己鞠躬,应以鞠躬礼相还。若不还礼,别人会认为自己自认为高人一等,或是不接受别人的好意,会伤害向自己行鞠躬礼的人的感情。

三、行鞠躬礼的注意事项

(1) 对长者行礼。在离长者三步远时,行一鞠躬礼。

(2) 与日本人见面。与日本人初次见面时,一般行鞠躬礼而不行握手礼,日本人的鞠躬很有讲究,他们的鞠躬可分为30°、45°和90°三种,面对不同的行礼对象选择不同类型的鞠躬礼。往往第一次见面行"问候礼",是30°;分手告别时行"告别礼",是45°。

(3) 伊斯兰教国家不行鞠躬礼。

(4) 与外国人行鞠躬礼，礼毕后就即寒暄"你好!"

【小阅读】

值钱的礼貌

一位久负盛名的剧院老板来拜访大仲马。一见面，他连帽子也没脱下，就火冒三丈地问大仲马为什么把最新的剧本卖给一家小剧院的经理。大仲马承认有这么回事。

这位经理于是出了一个远远胜于他对手的高价，想把剧本买回来，大仲马笑了笑说："其实你的那位同行用一个很简单的方法，就以很低的价格把剧本买走了。""那是怎么回事？""因为他以与我交往为荣，并且一见面就脱下帽子。"

我们可以没有金钱，我们可以没有地位，我们可以没有智慧，但我们不能没有礼貌，学会礼貌待人，在尊重别人的同时我们会发现自己也正被别人尊重着。

4.2.4 其他方式

一、合十礼

合十礼也称"合掌礼"，盛行于泰国、缅甸、老挝、柬埔寨、尼泊尔等佛教国家的见面礼节。

（一）合十礼的具体做法

五指并拢，将掌尖置于胸部或口部对合，身子略下躬，头微微下低，神容安详、严肃，以示敬意。行合十礼时，可以问候对方或口颂祝词。

（二）不同场合的姿势

合十礼可分为跪合十礼、蹲合十礼、站合十礼三类，遇到不同身份的人，行此礼的姿势有所不同。

（1）跪合十礼适用于佛教徒拜佛祖或僧侣场合。拜见国王或王室重要成员时，男女须跪下。国王等王室重要成员还礼时，只点头即可。无论地位多高的人，遇见僧人时要向僧人行礼，而僧人则不必还礼。

（2）蹲合十礼用于晚辈遇见长辈行礼时，要双手高举至前额，两掌相合举至脸部，两拇指靠近鼻尖，身体下蹲。男性行礼人的头要微低，女性行礼人除了头微低外，还需要右脚向前跨一步，身体略躬。长辈还礼时，只需双手合十放在胸前即可。

（3）站合十礼是佛教国家平民之间、平级官员之间遇见，或公务人员拜见长官时所用礼节。合十礼在佛教活动或佛教国家的政治活动中使用，但不能用于一般商务活动。

二、屈膝礼

女性对地位比自己高的，或有王室头衔的人行屈膝礼。双腿膝盖下蹲，另一只脚退后半步，身体保持直立，双眼可以注视受礼的人，为了表示恭敬，也可以低下头。但屈膝礼并不只适用于王室，在欧洲的很多上流社会，屈膝礼也是一种社交礼仪，女性之间也互行礼，男子向女子行吻手礼时，女子也可以回以屈膝礼。这是一种较为优雅的礼节。

三、其他特别的见面礼

阿拉伯人彼此见了面，将右手举在额前，左手贴在胸，表示情意。

巴基斯坦人相逢常以拥抱为礼，这种拥抱绝不是一搂了之，他们通常要头靠左边搂抱一次，再靠右边搂抱一次，如此三遍，毫不马虎。

马来西亚人见面时，则互相把手指并在一起，在手面、手背轻轻拍一下，然后把手贴在嘴唇或额角。

尼日利亚人的见面礼是各自用大拇指在手上轻轻弹几下，以示问好。

非洲的坦噶尼喀人，在见面时，各自先拍拍自己的肚子，然后鼓掌握手。拍拍肚子表示不愁吃穿，身体健康；鼓掌握手，表示庆贺、祝福。

摩洛哥人家里有客人来访，主人要敬茶三杯，客人则必须饮完，然后才促膝谈话畅叙家常。

刚果人见面，先伸出两手握几下，然后躬下身子吹几口气。

太平洋某些岛屿上的居民，彼此见了面，互相用中指勾住，然后用力向自己身边拉，表示亲热友好。

在也门，如果客人来访，主人便往客人身上洒香水。

缅甸人则向来访的客人身上泼水，当客人告别时，又用水泼他，而客人也可以向主人泼水，相互泼水，表示彼此情深谊长。

4.3 名片礼仪

【引导案例】

小周的名片

在一次宴会上，小于经朋友介绍认识了小周，小周热情地将自己的名片递给小于，小于接过后将名片放在餐桌上继续交谈。一会儿，又来了一位新朋友，小于向他索要名片，那位新朋友恰巧没带，于是小于将新朋友的信息直接记在小周的名片上，之后又习惯地将名片卷揉玩弄……

宴会结束后，小于热情地邀请小周下次再聚，但小周根本不理睬小于，小于纳闷极了。

问题：

你知道小周为什么不理睬小于吗？

名片是一种经过设计、能表示自己身份、便于交往和开展工作的卡片。名片能让新结识的朋友记住对方的姓名、地址及电话号码,以便保持日后的联系。同时,它也是一种非常有效的"自我推销"的手段。在现代社会日常交际活动中,名片的使用越来越广泛,但也要遵循一定的礼仪规范,方可更好地发挥其作用。如欲正确使用名片,就要对名片的用途、名片的分类、名片的制作以及名片的交换这四个方面有所了解,并尽可能地符合礼仪规范。

4.3.1 名片的用途

在现代社会中,名片是一种交际的工具。在人际交往中,名片的用途共有如下几种。

一、自我介绍

初次与交往对象见面时,名片是最重要的自我介绍的辅助工具。用名片配合必要的口头介绍,不仅能向对方明确身份,还可以节省时间,强化效果。

二、结交他人

在社交中若想要结识某人,通常以名片表示结交之意。主动递交名片给初识之人,便意味着对对方友好信任和希望结交之意。在这种情况下,对方一般会"礼尚往来",从而完成双方结交认识的第一步。

三、保持联系

大多名片都印有其联络方式。名片可以让持有人迅速得知对方的姓名与联系方式。同时,利用名片上提供的联络方式可与对方取得并保持联系,促进认识和交往。

四、通知变更

利用名片可以及时地向老朋友通报本人的最新情况。如变换了单位、调整了职务、改动了电话号码或者公司乔迁至新址后,都可以重新制作自己的名片。向经常交往的对象递交新名片,这样可以把本人的最新情况通报给对方,以使彼此联系畅通无阻,也可以显示自己对他人的尊重。

五、简短留言

拜访某人或需要向某人传达信息而对方不在时,可留下自己的名片,并在名片上简单写上具体事由,然后委托他人转交。这样做,会使对方"如闻其声,如见其人",不至于误事。

六、介绍他人

如欲向自己相识之人介绍某人,也可使用名片。具体做法是:用回形针将本人名片

（居上）与被介绍人名片（居下）固定在一起，必要时还可在本人名片左下角写上"介绍"的法文短语缩写"p.p."，然后将其装入信封，再交给被介绍人。这是一封非常正规的介绍信，是会受到高度重视的。

七、充当礼单

以私人身份向他人馈送礼品或花卉时，可将本人的社交名片充当礼单，置于礼物或花卉包装之内，或装入一个不封口的信封中，再将该信封固定于礼品外包装的上方。

八、拜会他人

初次拜访他人时，可将本人名片交由对方的秘书或家人，转交给被拜访者，以便对方确认"何人来过"，并决定见与不见。这种做法可避免冒昧造访。

4.3.2 名片的分类

一、商业名片

商业名片是公司或企业进行业务活动中使用的名片，这类名片的使用大多以营利为目的。它的内容分为两项：一是单位的全称及其标志；二是单位的联络方式，包括单位地址、邮政编码、单位电话号码、微信号等。名片没有私人家庭信息。商业名片的主要特点为：名片常使用公司标志、公司注册商标、公司主营产品简介、企业的业务范围，大公司有统一的名片印刷格式，使用较高档纸张，主要用于商业活动。

二、公务名片

公务名片是政府部门或社会团体在对外交往中所使用的名片，它是目前最为常见的一种名片。公务名片的主要特点为：名片印刷力求简单适用，注重个人头衔和职称，一张标准的公务名片由归属单位、本人称呼、联络方式三个方面组成。名片内没有私人家庭信息，主要用于对外交往与服务。

通常本人称呼应以大号字体印在名片正中央，归属单位与联络方式则应分别以小号字体印在名片左上角与右下角。

三、社交名片

社交名片主要用于社交场合的朋友交往，是朋友间交流感情、结识新朋友所使用的名片。个人名片的主要特点为：名片不使用标志，名片设计个性化，可自由发挥，主要有家庭住址、邮政编码，必要时还加上住宅的电话号码。它一般不加办公地址。名片所用纸张据个人喜好而定，名片中含有私人家庭信息。

4.3.3 名片的制作

一、名片的内容

一张形象效果俱佳的名片应包括以下内容：
(1) 姓名、职务。
(2) 公司名称、公司标志、公司地址、联系方式。
(3) 经营项目、范围。
(4) 涉外交往中一定要用两种语言印制名片，一面用中文，另一面用当地语言。

二、名片的设计

名片的印制要规范实用，要简洁、雅致、美观，要体现本人的风格。

（一）规格

通常名片设计的规格应以钱包或名片夹装得下为宜，国际通用的尺寸规格是长10厘米、宽6厘米，我国通用的名片规格是长9厘米，宽5.5厘米。此外，名片还有两种规格：10厘米×6厘米和8厘米×4.5厘米，前者多为境外人士使用，后者则专为女士使用。如无特殊需要，不应将名片制作过大，甚至有意搞成折叠式，免得给人以标新立异、虚张声势之感。

（二）色彩

色彩一般以清淡为好，宜用白色、浅黄、浅蓝、浅灰色等，且一张名片使用一种颜色为宜。最好不要印制杂色名片，令人眼花缭乱，也不要制作黑色、红色、粉色、紫色、绿色名片。

（三）材质

纸张质地可粗可细，质量一定要好，以防从名片夹取出时撕破。最好选用纸张，并以耐折、耐磨、美观、大方的白卡纸、合成纸、麻点纸、布纹纸、香片纸为佳。在一般情况下，没有必要选用布料、皮革、木材、光纤等材质制成名片，价格昂贵，不甚实用。

（四）图案

在名片上，可以印制企业的标志、企业的方位、企业的主导产品、简介等，但以少为佳。名片上最好不要出现与本人从事职业无关的图案。除非是艺术家或演艺界人士，不要印本人照片。

（五）文字

在国内使用的名片，宜用汉语简体字，不要故弄玄虚地使用繁体字。对于经常出国的人要用双面名片，一面可用英文，另一面可用当地语言。切勿在一枚名片上使用两种以上的文字，也不要将两种文字交错印在一面。

【案例】

别具一格的名片

著名作家沙叶新的名片设计别具一格，其名片左下方是其右手挟书、左手拿笔的漫画像，右上方是个大括号，内书：

我，沙叶新，

上海人民艺术剧院院长——暂时的，

剧作家——永久的，

××委员、××理事、××教授、××顾问——这些都是挂名的。

（六）版式

名片上的字样可铅印也可用镌版印刷，名片上的字体既可用横排也可用竖排。一般认为，中文名片以采用横式为佳，因为它易辨识，易收藏。竖式名片虽然风格古朴，却不具备这些优点。若以两种文字印制的名片，不可出现一面横式，另一面竖式。

4.3.4 名片的交换

一、递送名片的礼仪

（一）有备而来

在发送名片之前，应当把自己的名片放在容易拿出的地方，不要将它与其他杂物放在一起，以免需要用时手忙脚乱。正确的做法是将名片放入专用的名片夹或名片盒内，然后放入上衣的左上方口袋或随身携带的手提包内伸手可得的地方。

（二）态度恭敬

出示名片时，要主动走近对方，用双手或右手递自己的名片给对方，双目要正视对方，使对方感到很受尊重（图4-13）。同时，出示名片时应把名片正面朝上。

（三）把握时机

（1）初次见面时，一般都要赠送一张名片，表明自己有希望结交对方、与对方继续保持联络的意向。

图4-13　递名片

（2）在宾客较多的场合，应在开始之前就向他们索要名片，以便及早了解来客的身份。

（3）双方告辞时，可顺手取出自己的名片递给对方，表示希望能再次见面。

（4）刚到办公室的来客可向接待人员出示名片以便被介绍或引见给有关人员，等见到主人时还应当再递上一张名片。

（5）用餐时不要出示名片，应等到用餐结束以后。

（四）注意顺序

出示名片的礼仪与握手礼仪相似，也应当遵守"尊者优先"的原则。通常年长者或职位偏高者主动出示，如果他没有这样做，我们应当先出示名片，然后再向他索要。一人要将本人的名片递送给多人时，若地位尊卑比较明显，可按由尊而卑依次而行；若地位尊卑不明显时，也可由近而远依次进行。不讲任何顺序是不适当的。

1. 有所选择

赠送名片要有所选择，不要不加区别乱发一通，应思考一下对方是否真的需要我们的名片，然后再发。在人数较多的场合，交换名片应在私下里进行。千万不可像发扑克牌似的散发名片，会给人留下很不在行的感觉。

2. 用语礼貌

出示名片时，应说些诸如"请多关照""请多指教""以后常联系"之类的寒暄语。若想向别人索要名片，则可以说"我可以向您要一张名片吗？""我们可以互赠名片吗？"

二、接受名片的礼仪

接受名片时也应认真遵守相关的礼仪规范，显示出我们的礼仪修养。

（一）态度友好

接受别人名片（图4-14）时，要表现出自己的友好热情之意，表现出对对方的尊重。首先，接受他人名片时应当起身站立，并主动迎向对方；其次，应以双手或右手接收名片，要以不低于胸部的位置收下；最后，要轻读名片的内容，最好能将对方的姓名、职务轻声读出来，以示尊重。

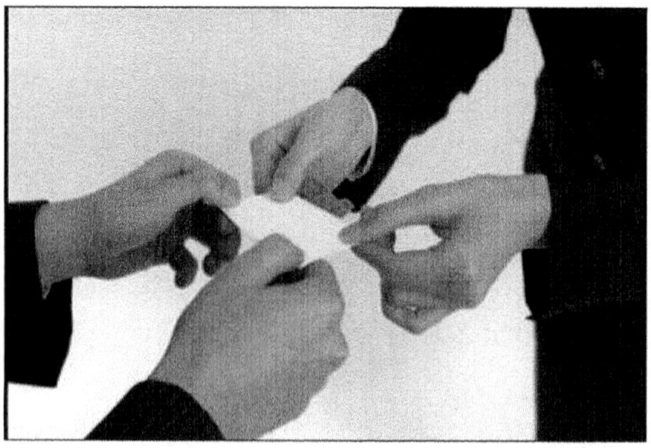

图4-14 接受名片

（二）妥善存放

通读之后，要妥善收好名片，可以放在上衣口袋或放入随身携带的名片夹、手提包内，也可暂时放在桌面显眼位置，但不要在名片上放任何物品。客人走后，可在名片上记下初次见面的时间等，便于记忆。

(三) 口头致谢

当收到名片时,尤其是对方主动先递上名片时,应当口头向对方致谢,也可以边看边稍作评论,如"你是某某公司的王经理,认识你很高兴"。

三、索要名片的礼仪

在通常情况下,如果非常想得到对方的名片,而对方并没有主动给时,最好不要直截了当地说:"请你给我一张名片。"这会使对方觉得很尴尬,而应当以请求的口吻说:"如果没有什么不便的话,能否请您留一张名片给我?"若对方确实已没有名片,一般会婉言说明的。

根据交换名片的礼仪,向他人索要名片,大体上共有如下四种常规方法。

(1) 主动递上本人的名片。

(2) 向对方建议互换名片。

(3) 向有地位、有身份的人或者是长辈索要名片时,可采取这种暗示方法。询问对方:"今后怎样向您请教?"

(4) 向平辈之人或者是晚辈索要名片时可以做出这样的暗示。询问对方:"今后如何联系?"

以上四种索取他人名片的具体做法,各有各的适用对象。前两种做法主要适用于携带名片者,后两种做法主要适用于未带名片者。应当说明的是,不论他人以何种具体方式向自己索要名片,都尽可能地不要加以回绝。

四、名片的存放

在参加交际活动之前,要提前准备好名片,并进行必要的检查。随身所带的名片最好放在专用的名片夹里,也可放在上衣口袋里。不要把名片放在裤袋、裙兜、提包、钱包等里面,那样既不正式,又显得杂乱无章。在自己的公文包以及办公桌抽屉里,也应经常备有名片,以便随时使用。在交际场合,如感到要用名片,则应将其预备好,不要在使用时再去瞎翻乱找。

参加交际活动后,应立即对所收到的他人名片加以整理收藏,以便今后利用方便。不要将它随意夹在书刊、材料,或压在玻璃板底下,或是扔在抽屉里面。存放名片的方法上大体有如下四种:

(1) 按姓名的外文字母或汉语拼音字母顺序分类。

(2) 按姓名的汉语笔画的多少分类。

(3) 按专业或部门分类。

(4) 按国别或地区分类。

【小阅读】

被冷落的名片

某公司王经理约见一个重要的客户方经理。见面之后,客户就将名片递上。王经理看完名片就将名片放到了桌子上,两人继续谈事。过了一会,服务人员将咖啡端上桌,请两位经理慢用。王经理喝了一口,将咖啡杯子放在了名片上,自己没有感觉,客户方经理皱了皱眉头,没有说什么。

4.4 礼品馈赠礼仪

【引导案例】

美国作家欧·亨利在其著名的小说《麦琪的礼物》里讲了这样一个故事:一位妻子十分想在圣诞节来临时送给丈夫一份礼物,她盼望能买得起一条表链,以匹配丈夫祖上留下的一只表。因为没钱,于是她把自己秀丽的长发剪下来卖了。圣诞之夜,妻子对丈夫献上自己的礼物——精美的表链。而丈夫也在惊愕之中拿出了他献给妻子的礼物,竟是一枚精美的发卡。原来,丈夫为给妻子买礼物把自己的表卖了。这时,他们紧紧地拥抱在一起,彼此的爱成为这圣诞之夜唯一的却是最珍贵的礼物。

问题:
妻子和丈夫彼此送的礼物为什么珍贵?

人们相互馈赠礼物,是人类社会活动中不可缺少的交往内容。馈赠即赠送礼物。《礼记·曲礼上》说:"礼尚往来,往而不来,非礼也,来而不往,亦非礼也。"礼起源于远古时期的祭祀活动。在祭祀时,人们除了用规范的动作、虔诚的态度向神表示崇敬和敬畏外,还将自己最有价值、最能体现对神敬意的物品奉献于神灵。

在经济日益发达的今天,人与人之间的距离逐渐缩短,接触面越来越广,一些迎来送往及喜庆宴贺的活动越来越多,彼此送礼的机会也随之增加。礼物是友情的使者,是文化符号,它代表着送礼者的情谊,蕴含着丰富的文化内涵。因此,在送礼之前,要仔细考虑礼品本身的含义,也要考虑收礼者的心理需求,更要考虑在不同的场合、不同的国家,礼品所具有的特殊含义,从而使送礼者达到应有的效果。懂得送礼技巧,不仅能达到大方得体的效果,还可增进彼此的感情。

4.4.1 礼品选择

因人因事因地施礼,是社交礼仪的规范之一,尤其是对于礼品的选择,一定要符合这一规范要求。礼品的选择,要针对不同的受礼对象区别对待。一般来说,要遵循以下几条原则。

一、明确送礼的目的

向他人赠送礼物并非无的放矢,自然具有一定的目的。

送礼的目的有以下几种:表示感谢;表示友好;表示祝贺;表示纪念;表示慰问;

表示歉意；表示尊敬等。有时是一个理由，有时是几个理由。选择礼品要看是为了达到何种目的，明确了这一点，可使送礼者达到应有的效果。

二、礼品选择不可太贵重

礼物的选择要根据送礼者的经济情况和双方感情深度而定。社会上一般朋友交往送的礼品都是礼节性的，朋友间的走动送些小礼物或纪念品即可。礼品太贵重会增加收礼者的心理负担，而且还会有"重礼之下必有所求"之嫌。

三、礼品选择要了解对方爱好

在送礼之前，应对收礼人的爱好、习惯了如指掌，切忌盲目送礼，否则起不到送礼物应有的作用。如对家贫者，以实惠为佳；对富裕者，以精巧为佳；对恋人、爱人、情人，以纪念性为佳；对朋友，以趣味性为佳；对老人，以实用为佳；对孩子，以启智新颖为佳；对外宾，以特色为佳。

四、礼品选择要有特色

在选择礼品时要注重其特色，可选择具有纪念性、独创性、时尚性的物品。选择具有纪念性的礼物可使对方记住自己，能够继续和睦交往下去；选择具有独创性和时尚性的礼物，不但可以反映出自己对对方的重视，而且也可以令对方耳目一新，爱不释手。

4.4.2 礼品赠送

一、赠送礼品的礼仪

礼物好不如送礼的方式好。一件精心挑选的礼品代表了送礼人的智慧与才干，选择好送礼方式，会给对方无比的快乐。但要使受礼者能愉快地接受馈赠，并不是件容易的事情。因为即便是自己在馈赠原则指导之下选择了礼品，如果不讲究赠礼的礼仪，也会适得其反，甚至会造成双方关系的不融洽。馈赠时应注意以下礼仪。

（一）注意礼品的包装

精美的包装不仅使礼品的外观更具艺术性和高雅的情调，还可以凸显其内在价值，并显现出赠礼人的文化和艺术品位，从而令双方愉快，有利于双方的交往。

在礼品包装之前，一定要除去礼品上的价格标签。包装的颜色、图案也依从各地或各民族不同的习惯或禁忌。如在中国，红色是喜庆的颜色，白色用于葬礼；而在日本红色、黑色和白色都被认为是用于葬礼的颜色。在信奉基督教的国家，应注意避免把丝带结成十字交叉状。包装礼品既要量力而行，又要反对华而不实。

（二）注意赠礼的时机和场合

赠礼时机和场合的选择，是十分重要的。一般而论，在社会交往中，送礼的最佳时机和场合是节假日、对方重要的纪念日,常见的有对方的生日、婚礼、逢年过节、提升、退休、周年纪念、生病慰问、酬谢等。

通常情况下,只有礼轻情重的特殊礼物才适宜在大庭广众面前赠送。如一本特别的书、一份特别的纪念品等。当众只给一群人中的某一个人赠礼是不合适的。因为那会使受礼人有受贿和受愚弄之感,而且会使没有受礼的人有受冷落和受轻视之感。特别贵重的礼物一般不宜在众人面前相赠。

(三)注意赠礼时的态度、动作和言语表达

面赠礼品时,要神态自然、举止大方。只有那种平和友善的态度、落落大方的动作、简明得体的语言表达,才能使双方共同接受。要说明因何送礼,如:"祝你生日快乐!这是我精心为你挑选的,相信你一定喜欢。"千万不要说:"没什么准备,临时才买的,你凑合着用吧。"

(四)注意赠礼的具体时间

一般来说,当我们作为客人拜访他人时,最好在双方见面之初向对方送上礼物,而当我们作为主人接待客人时,则应该在客人离去的前夜或者告别宴会上把礼品赠送给对方。

二、送礼的禁忌

由于民族、生活习惯、生活经历、宗教信仰及性格、爱好的不同,不同的人对同一礼品的态度是不同的,或喜爱或忌讳或厌恶,因此,送礼要"投其所好、避其禁忌"。这里尤其强调避其禁忌。无论是有意地还是无意地冒犯了别人的禁忌,都会引起纠纷,甚至冲突。所以,馈赠前一定要了解受礼者的喜好,尤其是禁忌。例如,中国人普遍有"好事成双"的说法,因而凡是大贺大喜之事,所送之礼,均好双忌单,但广东人则忌讳"4"这个偶数,因为在广东话中,"4"听起来就像是"死",是不吉利的。又如,我国还讲究给老人不能送"钟",给夫妻或情人不能送"梨",因为"送钟"与"送终"、"梨"与"离"谐音,是不吉利的。尽管白色有纯洁无瑕之意,但中国人比较忌讳,因为白色常被认为是悲哀和贫穷之色;同样,黑色也被视为不吉利,是凶灾之色、哀丧之色;而红色,则是喜庆、祥和、欢庆的象征,受到人们的普遍喜爱。还有,如不能为健康人送药品,不能为异性朋友送贴身的用品等。另外,这类禁忌,还有许多需要我们去遵循,这里就不一一列举了。

4.4.3 受礼与回赠

赠礼往往是一种双向行为,即不但自己时时需要向他人赠送礼品,也时常会收到他人赠送的礼物,因此,非常有必要掌握一定的收礼和回赠的礼仪。

一、接收礼物的礼仪

接受礼物要讲究礼仪。当赠送者取出礼物时,不应询问,或者双眼盯住不放,或者

伸手去抢。在接收礼物时，要面带微笑，双目注视对方的双眼。若对方提供的是礼品单，应立即从头到尾细读一遍。

（一）双手接过礼品

当赠送者有礼物相赠时，不管自己在做什么，都应立即停止，面向对方。当赠送者递上礼物时，要尽可能用双手前去"迎接"，不要用一只手去接。视具体情况或拆开或只看外包装，还可伴有请赠礼人介绍礼品功能、特性、使用方法等的邀请，以示对礼品的喜爱。

（二）表示感谢

收到礼品后，应立即向对方道谢。"谢谢你"三个字表明感谢的不仅仅是礼物本身，更重要的是对方送礼这一举动。所以，一般应赞美礼品的精致、优雅或实用，夸奖赠礼者的周到和细致，并伴有感谢之辞（按中国传统习惯应是伴有谦恭态度的感谢之辞）。

（三）重视别人送的礼物

在现场条件允许、时间充裕、人数不多的情况下，在接收礼物之后，应当尽可能地当着对方的面，将礼品包装当场拆开。这表示自己很重视对方及其所赠送的礼物。启封的动作要井然有序，不要乱扯、乱撕、乱丢包装用品。拆开包装以后，可以用适当的动作、语言来表示对礼物的喜欢。如接受别人赠送的鲜花时，可以当着对方的面将鲜花捧在身前闻闻花香，然后再装入花瓶。千万不要拿礼物开玩笑，除非那是一件恶作剧的礼物。一般也最好不要拒收，那样会很驳赠礼人的面子，一般找机会回礼就可以了。

二、拒收礼物的礼仪

拒收礼物也要讲究方法，不要使送礼人下不了台，可以有礼貌地婉转地拒绝或将礼物退回。

（一）事后退还

拒绝礼物一般应该采用事后退还的办法，如果在大庭广众之下退还，往往会使赠送者很尴尬。可当时接受礼品，但不拆启其包装，在 24 小时之内将礼品物归原主。

（二）说明原因

比如身份不允许、单位规定不允许等，不分青红皂白一概拒绝是不妥的。

一般而言，外国人赠送的以下五类物品不宜接收：违法、违禁物品；有辱我方国格人格的物品；价格过分昂贵的物品；一定数额的现金、有价证券；可能会使双方产生误会的物品。如不能接收外方赠送的礼品，应当立即向对方说明原因，并且将礼品当场退回。若对方并无恶意，退还礼品时，须向对方致谢；若对方不怀好意，则只需告诉他礼品不合适。

（三）表达谢意

即使是拒绝了对方的礼品，也要感谢对方的好意。无论如何都不能对对方加以谴责、质疑、质问或者谩骂。

三、回赠的礼仪

收礼应当回礼，"来而不往非礼也"。回赠的时间可以选在客人离开时、隔一段时间登门回访或在以后某个喜庆的日子。

回赠的礼品一般讲究价值相当，切忌重复，也可依据自己的经济情况而定，不必每礼必回。

【小阅读】

江泽民的礼品

江泽民主席出访俄罗斯时，曾向叶利钦总统赠送了一盘由中国制作的关于反法西斯的歌曲配乐录像带，这盘录像带的内容究竟是什么呢？

北京五岳文化咨询公司董事长冯精志后来透露：这盘长达1时50分钟的录像带名为《神圣的战争——苏联卫国战争歌曲回顾》，是由冯声华编导，五岳公司和广州艺宝影音制作传播公司联合制作。

《神圣的战争——苏联卫国战争歌曲回顾》选用了《神圣的战争》《我到过世界不少地方》《夜莺》《灯火》等13首苏联歌曲，由苏联功勋艺术团演唱，画面是苏德双方军事记者拍摄的极为珍贵的史实资料，通过歌曲和画面，讲述了苏联人民奋起抗击德国入侵的辉煌业绩，展示了主要战役，介绍了双方的政治领导人和将领。

据悉：当片子在俄罗斯驻华使馆放映时，引起强烈的反应，许多人热泪盈眶，一些官员说："尽管片子中反映的是我们苏联人民在卫国战争中的事情，但许多画面是第一次看到，从片子中可以感到最了解苏联的是中国人民，你们能够想到制作这样的片子说明了你们对我们的深厚情谊。"

4.4.4 礼品馈赠的国际通常惯例

世界各国，由于文化上的差异，不同历史、民族、社会、宗教的影响，在馈赠问题上的观念、喜好和禁忌有所不同。只有把握好这些特色，在交往馈赠活动中才能达到目的。

一、亚洲国家

亚洲国家虽然在社会、民族、宗教等方面有很大不同，但却在馈赠方面有很多相似之处。

（一）日本

日本人有送礼的癖好，他们既讲究送礼，也讲究还礼。不过，日本人送礼和还礼的人一般互不见面，而是由运输公司的服务员上门办理。在日本，只有求婚时或在与疾病和死亡有关的场合才送花。送花给日本人，忌送白色的花，在日本人看来白色的花象征着死亡，也不能送玫瑰花和盆栽的花给病人，菊花只能有15片花瓣，因为只有皇室徽章上才有16瓣的菊花。日本人喜欢樱花。日本人对装饰着狐狸和獾图案的东西甚为反感。狐狸是贪婪的象征，獾则代表狡诈。在日本以奇数表示吉利，忌讳4和9，4与死联系在一起，9与苦谐音。另外，选择礼物时，要选购"名牌"礼物，日本人讲究礼品的包装，因此要让懂行的人把礼物包装好。收到日本人的礼物，要尽快寄封感谢函，否则送礼的人会认为收礼者不喜欢他送的礼物。

（二）阿拉伯国家

在阿拉伯国家，初次见面时送礼可能会被视为行贿；他们喜欢"名牌"货，阿拉伯给他人一般都是赠送贵重礼物，同时也希望收到同样贵重的回礼；喜欢知识性和艺术性的礼品，不喜欢纯实用性的东西。不能送烈性酒和带有动物图案的礼品（因为这些动物可能代表着不吉祥）。送礼物给阿拉伯人的妻子被认为是对其隐私的侵犯，然而送给孩子则总是受欢迎的。盯住阿拉伯主人的某件物品看个不停是很失礼的举动，因为这位阿拉伯人一定会认为对方很喜欢它，并强烈要求对方收下这件东西。阿拉伯各国都禁用六角星做图案。伊拉克人忌讳蓝色，认为蓝色是魔鬼的象征。不要送印度人牛皮做的礼品，因为牛在印度被认为神圣的动物。到阿拉伯人家里做客不要把食物作为礼物，他会认为对方在批评他不懂待客之道。

（三）韩国

韩国人对初次来访的客人常常会送当地出产的手工艺品，一般要等客人先拿出礼物来，然后再回赠他们本国产的礼品。

二、西方国家

西方国家其文化渊源、宗教信仰接近，在礼俗上共性较多，下面来阐述一些礼俗与禁忌。

（一）礼物价值不宜过重

在欧美国家，礼物过重就会被认为是贿赂，除了贪心者，正派人士是不会接受的。西方人对礼品更倾向于实用，一束鲜花、一瓶好酒、一盒巧克力、一块手表，甚至一同游览、参观等，都是上佳的礼品。在德国，不要给女士送玫瑰、香水和内衣，即使女士之间也不宜赠送这类物品，因为它们都有特殊的含义，玫瑰表示"爱"，香水与内衣表示"亲近"；也不能送刀、剪和餐刀、餐叉等西餐餐具，有"断交"之嫌，在服饰和其他商品包装上也禁用此类图案或类似符号。送礼时，不要说客套话，否则会产生贬低对方的感觉。美国人很讲究实用，一瓶上好葡萄酒或烈性酒、一件高雅的名牌礼物，都是合适的。西方人接受礼品时，喜欢当面打开。一般拒绝收礼是不允许的。

（二）讲究赠礼的时机

一般情况下，西方人赠礼常在社交活动即将结束时，即在社交已有成果时方才赠礼，以避免行贿、受贿之嫌。对英国人赠礼最好是在请人用完晚餐或看完戏之后进行，对法国人则在下次重逢之时为宜。与其他欧洲国家一样，给美国人送礼应在此次交往结束时。

（三）讲究颜色、图案选择

礼品的颜色有一定讲究，法国人忌麦绿色，因为这是德国法西斯的军装颜色；比利时人忌蓝色，蓝色是不吉利的标志；美国人喜欢较淡的颜色，如象牙色、浅绿色、浅蓝色。在礼品的图案方面，加拿大人忌白色的百合花，这种花只有在追悼会上才使用，喜欢枫叶。美国人忌用珍贵动物的头部作商标图案，也不喜欢在商标图案中出现一般人不熟悉的古代神话人物，蝙蝠在美国人眼里是凶神；英国人忌用大象或人物肖像作商标图案，山羊在英国是不正经男人的象征；瑞士人忌讳猫头鹰的图案，认为那是"死人"的象征；法国人喜欢野鸭的图案，讨厌孔雀、仙鹤，认为孔雀是祸鸟、淫鸟，仙鹤是蠢汉和淫夫的代称。

三、拉丁美洲国家

在拉丁美洲，黑色和紫色是忌讳的颜色。在巴西，紫色菊花象征死亡，棕色为凶色，认为深咖啡色或暗茶色会招致不幸，紫色配黄色为患病之兆。哥伦比亚人喜爱红色、黄色、蓝色，禁忌浅色。委内瑞拉人分别以红、绿、茶、黑、白五种颜色代表五大政党，所以这五种颜色不宜出现在包装纸上；他们也忌讳孔雀，凡与孔雀有关的东西和图案都被视为不祥之物。刀剑应排除在礼品之外，因为它们暗示友情的完结。手帕也不能作为礼品，因为它与眼泪是联系在一起的。可送些小型家用电器，例如，一只小小的烤面包炉。在拉美国家，征税很高的物品极受欢迎，只要不是奢侈品。

【小阅读】

花 卉 语

当我们用花为媒来传递友谊时，要注意运用正确的"花卉语"，以免出现尴尬。以下是几种常见的花卉的寓意：

玫瑰——爱情，容光焕发。

康乃馨——感谢母亲，母亲我爱你。

百合——顺利，心想事成，高贵，百年好合。

菊花——高洁，清净，长寿。

扶郎花——兴奋，友爱，欣欣向荣，扶持郎君。

郁金香——爱的表白，祝福永远，高贵，多情。

鸢尾——好消息，想念你。

马蹄莲——希望，高洁。

水仙——多情，想你，冰清玉洁。

石斛兰——美人，喜悦，祝福。

大花葱——圆满，高贵，稳重。

腊梅——不畏严寒，品格。

彩色海芋——爱心，真情。

鲜花与节日

情人节（2月14日）送红玫瑰表达情人之间的情感。

母亲节（5月的第二个星期日）粉红色的香石竹（康乃馨），是"母亲之花""神圣之花"。

父亲节（6月的第三个星期日）送秋石斛为主。菊花、向日葵、百合、君子兰、文心兰等象征"尊敬父亲""平凡也伟大"。

第5章 商务人员餐饮礼仪

5.1 宴请礼仪的概述

【引导案例】

在人际交往中,"食"占有一席之地。宴请是一种重要的社交形式,是借宴请来表达对所交往对象的敬重、友善和诚意,同时展示个人或集体的商务交际素质和水平。商务宴请是商务人士与客户合作、洽谈而进行的宴席,在宴请过程中有很多礼仪需要商务人士学习,一次合乎礼仪的宴请,其本身就是一次成功的商务活动。

问题:

如何做好商务宴请活动?

我国的饮食文化特别丰富,经过几千年的文明发展,利用宴请来进行商务活动也是较为常见的。宴请在当代商务活动中更是成为一种非常重要的交际方式。宴会不但使人们聚在一起共同享受美酒佳肴,还可以联络感情,增进沟通,增进友谊,提高工作效率。宴请不再是"果腹""解馋",而是成为一种重要的社交商务手段。宴请礼仪在整个商务社交礼仪中占有着非常重要的地位。宴请的形式、宴请的规模、宴请的档次、参加的人员及邀请的方式都有一定的规矩,而且宴会的具体安排也有一些规范化的做法。

宴请是国际国内社会交往中比较常见的待客方式。通用的形式有宴会、招待会、茶会、工作餐会等。不同的形式根据活动目的的不同,在邀请的对象、菜肴的安排、招待的人数、时间、着装等因素上各有不同。

5.1.1 宴会礼仪

宴会,是比较正式、隆重的设宴招待方式,是宾、主在一起饮酒、吃饭的聚会形式。宴会是正餐,出席者按照主人安排的席位入座进餐,由服务员按专门设计的菜单依次上菜。

宴会一般是正餐宴请,常用于庆祝节日、纪念日,表示祝贺、迎送贵宾等事项。宴会的场面一般比较庞大、隆重,能使人得到一种礼遇上的满足。不同的宴会有着不同的作用，概括地说，宴会可以表示祝贺、感谢、欢迎、欢送等友好情感，通过宴会，可以协调关系，沟通感情，消除隔阂，增加友谊，促进团结，获得支持，有助于合作等。

宴会的种类比较复杂，名目繁多。按礼宾规格划分，可分为国宴、正式宴会、便宴和家宴。

（1）国宴，是国家元首或政府首脑为欢迎外国元首、政府首脑来访或庆祝重要节日而举办的宴会，是规格最高、最隆重的宴会。宴会厅内悬挂国旗，安排乐队演奏国歌和席间乐曲。席间，宾、主要致祝酒词。

（2）正式宴会，标准稍低于国宴。除地方正式外，一般有以下三个确定：

第一、人员确定。包括人数、位次、桌次等都得确定。

第二、时间确定。一般情况下，大型的正式宴会最好是晚宴。

第三、菜单确定。最好餐桌上人手一册，一是尊重，二是让大家心知肚明。

（3）便宴，用于非正式宴请。没有特殊严格的要求，安排也比较简单，礼仪上更没有严格的规定，菜肴和酒水可以根据大家的喜好来决定。便宴可以在餐厅举行，也可以选择在家中举行。

（4）家宴，是在家中以私人名义举行的宴请，方式最为灵活，一般客随主便。

一般情况下，宴会持续时间为两个小时左右。

此外，宴会还有其他不同的分类方式。按性质划分，可分为工作宴会、正式宴会、节庆宴会；按形式划分，可分中餐宴会、西餐宴会、中西餐合并宴会；按时间划分，可分为早宴、午宴、晚宴；其他类型的宴会如冷餐会、鸡尾酒会、茶会等。

5.1.2 招待会礼仪

招待会是指形式灵活的就餐方式。招待会可以不备正餐，配以食品、有酒水、饮料，不安排座位，席间宾客自由地活动，交流感情，增进交往。由客人根据自己的口味选择自己喜欢的食物和饮料，然后或站或坐，与他人一起或独自一人用餐。常见的招待会有冷餐会、酒会等。冷餐会，即自助餐；酒会，又称鸡尾酒会。

一、冷餐会

冷餐会又称自助餐，是方式比较灵活的一种宴请形式。常用于官方的正式活动。冷餐会一般在中午12时至下午2时、下午5时至7时举办。可以室内外举行，参加者可坐可立，也可自由活动，菜肴以冷食为主，酒和菜均可自取，也可请服务员端送。冷餐会的特点是不排席位，菜肴以冷食为主，也可以冷、热兼备，连同餐具一起陈设在餐桌上，供客人自取。客人可多次进食，站立进餐，自由活动，边用边谈。对年老、体弱者，要准备桌椅，并由服务人员招待。这种形式适宜于招待人数众多的宾客。我国举行大型冷餐招待会，往往用大圆桌，设座椅，主桌安排座位，其余各席并不固定座位。食品和饮料均事先放置于桌上，招待会开始后，自行进餐。

二、鸡尾酒会

鸡尾酒会可称酒会,参加者可以期间任何时候入席或退席,并可以自由走动,自由交往。形式较为活泼,便于广泛交谈接触。招待品以酒水为主,略备小吃,不设座椅,仅置小桌或茶椅,以便客人随意走动。酒会举行的时间也较灵活,中午、下午、晚上均可。请柬上一般均注明酒会起止时间。鸡尾酒是用各种酒和饮料调配成的混合材料,酒会上不一定都用鸡尾酒。通常鸡尾酒会备置多种酒品、果品,但不用或少用烈性酒。饮料和食品由服务员托盘端送,也有部分放置桌上。近年来,国际上举办大型活动广泛采用酒会形式招待。

5.1.3 茶会礼仪

茶会又称茶话会,是一种简单的招待形式。会上备有茶、点心和地方风味小吃,请客人一边品尝,一边交谈。通常安排在上午10时或下午4时左右在客厅举行,内设茶几、座椅。

茶话会是当今社会上比较时髦的集会,是以清茶或茶点(糕点、水果等)招待客人的集会,有时它也用于外交场合。茶会既属于宴请的一种形式,又属于会议的一种,因而它具有宴请和会议二者的特点,形式上较为随意,气氛也更为融洽。在商务活动中,茶会主要是以交流思想、联络感情、洽谈业务、拓展业务等为目的。茶会礼仪,就是指人们在各种茶会活动中应遵守的行为规范。茶会不安排座次。如果有贵宾参加,一般会设有主席或将贵宾安排与主人坐在一起,其他人可以随意就座。茶话会在我国十分盛行,各种形式的茶话会让人耳目一新。小型茶会如迎宾送友、同学朋友聚会、学术讨论、文艺座谈,大型茶话会如商议国家大事、庆典活动、招待外国使节。特别是欢庆新春佳节,采用茶话会形式的越来越多。各种类型的茶话会,既简单隆重节俭,又轻松愉快高雅,是一种效果良好的聚会形式。

5.1.4 工作餐礼仪

工作餐是现代交往中经常采用的一种非正式宴请形式,有业务往来或工作关系的人们利用进餐时间,边吃边谈问题,加强交流、洽谈业务、增进感情或交换意见等。这类活动一般只请与工作相关的人员。一般不排座次,大家边吃边谈,不必过于拘束,形式较为灵活。可以由做东者付费,在国外,工作进餐经常实行"AA制",由参加者各自付费。

一、工作餐的性质

商务人士的聚餐,是巧借用餐的形式,进行商务活动。这种宴请称为工作餐。工作餐,在商界有时也称商务聚餐,或者餐会。它所指的是在商务交往中具有业务关系的合作伙伴,为进行接触、保持联系、交换信息或洽谈生意,而用工作餐的形式所进行的一种商务聚会。有关各方在百忙之中共进工作餐,意在谈论正事,是一种巧借餐桌充当会议桌或谈判桌，改头换面所进行的非正式的商务会谈。所以宾主在交谈之中应保证讲话不偏离工作、不要跑题。自己说话时，不要东拉西扯。别人说话时，则务必认真倾听，既不要中途打岔，也不要与旁人七嘴八舌，心不在焉。以事务目的为主线，边吃边谈，目的明确，礼节周到。

二、工作餐的人员

工作餐重在创造一种氛围。同正式的宴会相比，工作餐不强调形式与档次，而是以餐会友，所以一般在时间、规格、人数等方面相对较随意。它既可以是两个人之间的单独聚会，也可以是有关双方各派几名代表参加。但参加工作餐的总人数，不宜超过10人。与事无关者如配偶、子女、朋友等，均不宜到场。如果恰有主题外的人员，应当将之简略介绍与其他人互相认识，以避免尴尬。不可以擅做主张，任意由其他人介入工作餐饮聚会。

三、工作餐的时间

工作餐通常被安排在工作日的午间，只要宾主双方感到有必要坐在一起交换一下彼此之间的想法和意见，或想就某些问题进行磋商，大家就可以随时举行一次工作餐。其目的是合理地利用时间，不影响参加者的工作。一般而言，工作餐的时间不必早早商定，地点也可以临时选择。它可以由一方提议，也可以由双方共同决定；可以提前若干天约好，也可以当天临时决定。

四、工作餐就餐习惯

工作餐就餐的座次和餐饮规格没有严格规定，但仍需遵循一般社交礼仪的规定。工作餐的菜肴安排应当由东道主负责，一般客随主便，但主人要主动回避对方的饮食禁忌。工作餐最好采取"分餐制"的就餐方式。如果不习惯，代之以"公筷制"即可。

五、工作餐的其他注意事项

在工作餐交谈期间，相关人员不能中途无故离去，也不能离座去与其他人交谈。依照常规，拟议的问题一旦谈妥，工作餐即可告终。东道主结账之后，客人表示感谢，可以约定下次回请，视情况而定。如果商务目的已毕，也可省略。一般来讲在工作餐时的交谈期间，不宜进行录音、录像、记录等行为。如需记录，应先向交谈对象打招呼，征得对方同意后方可进行。千万不要随意自行其是，表现出对对方的不信任，从而影响工作餐的最终目的。

5.2 中餐礼仪

【引导案例】

我国的饮食文化源远流长、自成体系。饮食礼仪是文明时代的重要行为规范之一。

尽管有些复杂的传统进餐礼仪已被遗弃，但传统中的精华，以及传承至今的习俗，仍然值得我们保留和尊重，也是现代宴请活动中，应当加以遵循的行为规范。

问题：

中餐礼仪文化有哪些方面的内容？

中餐以色香味俱全的特点得到了全世界的喜爱。在我国，商务宴请最多的形式还是以中餐为主。宴请的对象是中国人，选择中餐也是依习惯而行；宴请的对象是外国人，选择中餐则是依特色而为。

5.2.1　中餐餐前礼仪

在商务礼仪中，宾客赴宴应讲究仪容仪表，如果参加中餐宴请，可根据主人邀请时的规定着装，如无特殊要求，应以简洁、大方的商务装束为宜。商务宴请场合，宾客还可根据与主人关系的亲疏决定是否携带礼品。

宾主双方入座后，坐姿要端正、大方，可将手放在膝上或椅子的扶手上，前胸距离餐桌约20厘米。坐定后不可东张西望，也不要急于翻菜单、摆弄餐具或餐巾。宴会尚未正式开始时不要动筷子，更不要随意玩弄桌上的餐具。宾主双方可以主动与身旁的人交谈，营造一种和谐融洽的气氛，谈话内容以轻松的话题为宜。

5.2.2　中餐上菜及菜肴选择礼仪

如果由服务员给每个人上菜，要按照先主后宾后主人，先女士后男士或按顺时针方向依次进行。如果由个人取菜，每道热菜应放在主宾面前，由主宾开始按顺时针方向依次取食，切不可迫不及待地越位取菜。

普通规格的商务宴请有8～10道菜。宴席的大致顺序如下：

1. 餐前茶水

商务宴请开宴前可先安排宾客用茶，一是可用于宾客餐前清口，二是可用于餐前寒暄。

2. 冷拼

冷拼也称花拼、开胃菜。

3. 热菜

热菜即热炒，视宴请规模大小选用不同的菜肴组合。因为中国人觉得偶数是吉利数字，因此热菜的道数通常是偶数。

4. 大菜

大菜是指整只、整块、整条的菜肴，或食材名贵、稀少的菜肴。大菜在商务宴请中可起到画龙点睛的作用，适用于中高规格的商务宴请。

5. 点心和汤

一般中餐宴请中主食不以米饭为主，而以糕、饼、团、粉各种面食，如包子、饺子等替代。可选择具有地方特色的点心。此外，中餐习惯在主菜进食完毕以后安排一道热汤。

6. 水果拼盘

宴请正餐结束后，可安排一道爽口、消腻的水果拼盘。

标准的中餐，不论是何种风味，其上菜顺序大体相同。通常是冷盘——热炒——主菜——点心和汤——水果拼盘。当冷盘吃剩1/3时，开始上第一道热菜。宴会上无论桌数有多少，各桌上菜都要同时上。

中餐上菜的顺序讲究：先凉后热，先炒后烧，咸鲜清淡的先上，甜的、味浓、味厚的后上，最后是主食和汤。

根据商务宴请的规格，各种菜品的分量也有所不同：隆重宴请讲究一成至两成冷菜；三成热炒，四成大菜，普通宴请就可以将大菜减少，冷菜增加。

5.2.3 中餐餐具使用礼仪

在中国的饮食文化中，餐具的使用是非常有讲究的。当饮食从果腹的行为演变为某种社交活动时，餐具就不再是将食物送入口中的工具了。尤其是在陌生人较多的宴会中，更要注意餐具的使用礼仪。

中餐常用的餐具有筷子、汤勺、取菜盘子、调味盘、汤碗、茶杯、酒杯，另有湿巾、牙签等。

一、筷子的使用

中国古代把筷子称为"箸"。用筷子吃饭看起来平平常常，其实这里面蕴含着很多学问。

在使用筷子时，正确的方法是用右手执筷（左撇子除外），大拇指和食指捏住筷子的上端，另外三个手指自然弯曲扶住筷子，并且筷子的两端一定要对齐；在使用的过程当中，用餐前筷子一定要整齐码放在饭碗的右侧，用餐后则一定整齐地竖向码放在饭碗的正中，表示本人用餐结束。

使用筷子用餐时应该注意，握筷子的部位要适当，需要使用汤匙时，应先将筷子放下。以下列出使用筷子的十忌：

一忌迷筷，犹豫不决，不知从何下筷；

二忌翻筷，在碗里扒拉拣食；

三忌刺筷，以筷当叉使；

四忌拉筷，持筷撕拉口中正咀嚼的鱼肉；

五忌泪筷，夹菜带汤，滴答乱流；

六忌吸筷，将筷子放入口中吮吸；

七忌别筷，用筷子撕扯肉类菜；

八忌供筷，把筷子竖直插入碗中；

九忌敲筷，以筷击碗或桌子；
十忌指筷，持筷指人说话。

二、勺子的使用

勺子的主要作用是舀取菜肴、食物。有时，用筷子取食时，也可以用勺子来辅助。但要注意的是，用勺子舀菜时不要盛得过满，可以原处暂停片刻，等汤汁不再往下流时再移回来享用，免得溢出来弄脏餐桌或自己的衣服；暂时不用勺子时，应放在自己的碟子上，不要把它放在餐桌上，或是插入饭菜中；用勺子取回的食物，需立即食用或放在自己碟子里，不要再把它倒回原处；如果舀取的食物太烫，不要用嘴对着吹，可以先放到自己的碗里等凉了再吃；不要把勺子塞到嘴里，或者反复吮吸、舔食等。

三、盘子的使用

盘子有菜盘与食碟之分。菜盘上用来暂放从公用的菜盘里取来享用的菜肴的，在使用方面和碗相似。使用时注意一次不要取放过多，多种菜肴堆放在一起既显得凌乱不堪，也容易相互"窜味"。切忌不要将喜欢吃的菜都盛到自己面前"吃独食"。

食碟比菜盘小，是用来盛放食物残渣的。吃剩下的骨、刺等不要吐在地上、桌上，而应轻轻取放在食碟前端。放的时候不能直接从嘴里吐在食碟上，要用筷子夹住放到碟子旁边。假如食碟放满了，可以让服务生更换。

四、水杯的使用

水杯主要是用来盛放清水、汽水、果汁等饮料的。需要注意的是，水杯不要盛酒，不要倒扣在餐桌上，也不能将喝进嘴里的饮料再吐回水杯。

五、热湿巾和餐巾的使用

热湿巾是擦拭嘴角和双手用的，切不可用于擦拭脸、脖子、耳朵等。擦完手后，应该把它放回盘子，由服务员拿走。擦过的双手不要放在膝上或夹于两腿之间。宴会结束前服务员还会上一块湿巾，和前者不同的是，这块湿巾是用来擦嘴的，不能用其擦脸或抹汗。

如果席桌上设有餐巾，当主人示意用餐开始时，客人才可将餐巾全部打开或打开至对折，平摊在自己的腿上或压于菜碟或渣碟下面。在正式宴会上，餐巾的使用主要是为了防止弄脏衣物，再兼作擦嘴及手上的油渍之用，切忌用餐巾擦拭餐具、酒具等物品；中途离席，应将餐巾放在座椅上，用餐完毕才可将餐巾放回桌面。如果主人将餐巾放在桌面上，就意味着客人可以起立离席了。

六、牙签的使用

在就餐时，尽量不要当众剔牙。非剔不可时，可用另一只手掩住口部，剔出来的食物残渣不要再次入口，也不要随手乱弹，随口乱吐。剔完后要把牙签放在食碟上，不要长时间叼着牙签，更不要用来扎取食物。

5.2.4 中餐用餐礼仪

一、用餐中的交谈礼仪

古语云"食不言寝不语",在进食时说话被认为是一种不礼貌的行为。但随着社会的发展与进步,这种礼仪形式流传至今已有了很大的变化。在当今的商务活动中,宴请的主要目的就是通过吃饭实现商务沟通,边吃边谈是正常的事。而且在宴请过程中还切忌闷头吃饭不理旁人的现象。但是也不能一落座就谈正事,要谈大事、正事,须从小事、闲事谈起。

(一)商务宴请场合的交谈技巧

(1)宴请主人应掌控谈话内容的方向。在商务宴请中,主人担负着引导谈话内容的责任。尤其是当宾客为某一问题出现分歧和争执时,主人应及时出面化解尴尬,引导话题向其他方面转移,安抚宾客情绪,确保用餐气氛愉快。

(2)宴请讲话时要礼貌。根据商务宴请的形式及内容,有些宴请场合需要宾主双方在宴会开始进行讲话。如事先有所安排,应提前撰写讲稿并进行演练。讲话时主人应对宾客表现出真诚欢迎,宾客应表达对主人的感谢之情;讲话在时间上并无特殊要求,但应本着真诚、清楚和简练的原则;无论宴请主人还是宾客讲话、致辞时,宴会参与人员均应停止进食,暂停正在进行的谈话或其他活动,友好地目视讲话者,认真倾听。

(3)谈话距离和音量要适度。在席间,与对方交谈的距离要适当,过近会造成对方心理上的不适,过远会使对方听不清谈话内容。即使在宴会参与人数较多、现场十分嘈杂的情况下,也不应高声喊叫,应以对方能够听清内容为宜。

(4)谈话内容要切合环境。所谓切合环境,就是在谈话时要根据所在的场合、交谈对象及其性格、心情等选择适当的话题。在商务宴请场合,应该选择文明用语,与长辈、上级交谈时恭敬有礼;与地位平等的商务合作对象交谈要有礼有节,不卑不亢。

(二)商务宴请场合的交谈禁忌

(1)交谈时避免打扰对方用餐。在饭桌上交谈,口中有食物时尽量不张口说话,更不应在对方正在进食或忙于其他事情时急切地与对方交谈,应礼貌地等对方便交谈时再开口。如别人问话,恰逢自己的口中有食物,要等食物咽下后再回话。

(2)交谈勿涉及隐私。在商务宴请中,有可能宾主双方是相识已久的故交,会比普通商务关系更亲密。但即便非常熟识的朋友,也不应该随意谈论对方的隐私,否则有可能使对方陷入尴尬境地。

(3)交谈少涉及情感话题。为了保持愉快的用餐氛围,在谈话中,应尽可能避免谈论与情感有关的话题,以免招致自己或对方的情感波动,影响谈话氛围。

(4)开玩笑要得体适度。商务场合往往过于严肃,为了调节用餐气氛,餐桌上会经

常会说一些笑话。但应注意把握玩笑的尺度，不合时宜的、内容低俗的玩笑会引起他人的反感或厌恶，给人留下轻浮、无理的印象。

二、中餐进餐礼仪

古往今来，博大精深的中文与吃相关的词语颇多，如狼吞虎咽、风卷残云等。当今社会物质生活大大丰富，人们早已告别了吃糠咽菜的生活，但许多人的吃相还是停留在温饱阶段。商务人员应该随时随地注意自身的形象，以给对方留下有教养、有礼貌的良好印象。

（一）坐姿端正，仪态大方

在商务宴请中，坐着的时间占了绝大部分。因此，强调商务人士的坐姿是十分重要的。就座时，身体离餐桌不要太远，双腿平稳踏地，不跷腿，不抖动。吃饭时，双手的手腕部分可轻轻地按在餐桌的边缘，肘部不要向外扩。

（二）进餐文雅，有序取菜

当主人示意用餐开始后，应等菜肴转到自己面前时再动筷来取。一次取菜不宜过多，不要只盯住自己喜欢的菜或者急忙把喜欢的菜堆在自己的盘碟里。取菜时不要碰到邻座，不要将夹取的菜、汁撒到桌上。谨慎为他人夹菜，可以劝菜代替代人夹菜，尤其是在有外宾的情况下，可向其介绍菜肴的特点，切不可过于热情地反复劝菜甚至代为夹菜。

（三）闭嘴细嚼，没有声响

无论是家宴还是国宴，在餐桌上不论吃东西还是喝酒水，进食时嘴里应尽量避免发出异样的声响。席间如果要打喷嚏、咳嗽，应转身用手捂住嘴鼻，并向邻座表示歉意。这是进餐最基本的要求，因为这种声响会破坏他人的食欲，同时也影响自己的形象。

（四）饮食不语，享受美食

进餐要文雅，不要狼吞虎咽，每次进食的食物不可过大，应小块小口地吃。在品尝已入口的食物与饮料时，要细嚼慢品。喝汤时，不要使劲地噏发出声响，如果汤太热，可稍候或用汤勺，切勿用嘴去吹。

（五）切莫乱扔骨与秽物

食物或饮料一经入口，除非是骨头、鱼刺、菜渣等，一般不宜再吐出来。需要处理骨头、鱼刺时，不要直接外吐，可用餐巾掩嘴，用筷子取出放在自己专门用来盛放弃物的餐盘里，不能直接置于餐桌之上。

（六）文明用餐，禁烟少酒

用餐期间，除了专门的吸烟室，是不可以吸烟的，特别是有女士、儿童在场的时候。如确需吸烟，应事先征求左、右宾客的意见。一般情况下，商务宴请中相互之间不敬烟；在比较正式的商务宴请中，为表示友好，活跃气氛，敬酒、祝酒在所难免。但"酒能成礼，过则伤德"，在饮酒过程中，要遵循"觥筹错落，各适其意"和"客客尽欢，不必主劝"的原则。

（七）讲究卫生，使用公筷

在共餐或转盘式餐桌上，为讲求卫生，在夹菜盛汤时应使用公筷公匙，尤其是在为他人夹取菜肴时，更需要如此。

（八）接听电话，回避致歉

在餐桌上没完没了地接听电话是不礼貌的行为，如果在宴会席间需接打电话，应礼貌地与同桌就餐的人说一声"对不起，我出去接听一下电话"。

此外，用餐时举止要文雅得体，进餐的速度，最好与主人或主宾保持同步。在用餐过程中，如果意外地将酒水、汤菜、果汁等溅到邻座身上，应连声致歉，并认真协助其擦干。如对方是异性，则应把干净的餐巾递过去，由其自己擦。

5.2.5 中餐饮酒礼仪

饮酒是增进感情、加强联络的一种方式，酒文化也是一个既古老而又新鲜的话题。现代人在交际过程中，已经越来越多地发现了酒的作用。的确，酒作为一种交际媒介，迎宾送客，聚朋会友，彼此沟通，传递友情，发挥了独到的作用，所以，探索一下酒桌上的奥妙，有助于商务人士交际的成功。

中国的酒文化源远流长，在餐饮聚会场合特别讲究斟酒、祝酒与敬酒、饮酒的礼仪。

一、斟酒

斟酒的顺序是先主后宾，然后才是其他客人。斟酒时酒杯应放在餐桌上，酒杯不要碰到瓶口。主人斟酒时，宾客可行"扣指礼"以表感谢主人斟酒。行"扣指礼"时，宾客把右手弯曲，用食指、中指轻轻地桌上叩几下。如由服务员斟酒，应在斟酒后向服务人员轻声道谢。

斟酒应按照一定的顺序，通常以顺时针或以位次高低顺序进行。中国有句土话叫"酒满情深"，但在商务宴请中斟酒量要适度，不宜过满。

二、祝酒与敬酒

敬酒是我国人民的风俗习惯。在正式宴会上，通常由男主人向客人提议，提出为某个事由而饮酒，有时敬酒人还在敬酒时致祝酒词。

在主人和主宾祝酒时，应暂时停止用餐、停止交谈、注意倾听。主人与贵宾席人员碰杯后，往往要到其他各桌敬酒，若需要与长辈或位高者碰杯，要切记自己的杯口低于对方的杯口以表示尊敬。祝酒时还应注意不要交叉碰杯。

三、饮酒

饮酒时要注意酒忌，不可强人所难，要文明敬酒、饮酒。不可故意灌醉他人，不要因为自己的酒量大就不顾礼仪、失掉风度。如遇对方敬酒自己又不胜酒力，应向对方解释自己不胜酒力，表示歉意，同时应以其他饮料代替。饮酒宜各人随意，礼到即可，切忌在商务宴请场合劝酒、猜拳、大声喧哗等。

【小阅读】

葡萄酒配中餐的禁忌

随着"中西合璧"逐渐成为我国国宴的特色，葡萄酒取代白酒成为国宴用酒的主角，那么在中餐与葡萄酒搭配的过程中有什么禁忌呢？

一忌茶、二忌甜、三忌酸。绿茶、青茶、红茶（如常见的铁观音、乌龙、龙井等）会抢去酒的味道，一口茶一口酒，红酒会变得苦涩，浪费佳肴。建议饮用矿泉水，熟普洱例外。它对酒的味道影响不大，太甜的食物会令酒变得酸，也不宜配红酒。吃酸的东西后，饮酒会更酸更苦涩。

不要搭配需要蘸醋吃的食物，如果这一顿饭里头有小笼馒头、虾饺或者锅贴一类的食物，建议不要喝葡萄酒。醋的酸味会一直留在口中，使整个味觉发生变化。不过在烹制的过程中加醋调味的食物却更容易搭配葡萄酒。比如糖醋排骨，这是因为醋与糖中和并焦化了。

一定要先上口味较淡的食物。在中国，所有的食物都是同时烹制、同时上桌的，并不考虑顺序。喝葡萄酒时，必须按照从最淡的到最浓的口味顺序上酒，通常情况下，就是先喝白葡萄酒，后喝红葡萄酒，以便每种酒的层次和浓度都能被充分感受。因此，食物也应该按这个顺序上。

（资料来源：http://www.feituchina.cm/news/7.html）

5.3 西餐礼仪

【引导案例】

王晓梅是一位国际贸易公司的业务经理。有一次，王经理因为工作需要，在国内设宴款待一位来自美国的生意伙伴。值得人思考的是，一顿饭下来，令美国朋友欣赏的不是王经理专门为其准备的丰盛菜肴，而是王经理在陪同对方用餐时的一些细小的举止表现。那位美国客人对王经理的评价是：一位在用餐时一点儿响声都没有的人，必定是一位极具良好教养的人，与这样的人合作，是极其放心的。

问题：

西餐礼仪有哪些内容？

西餐是中国和其他东方国家的人们对西方餐饮的统称，主要是指西欧国家和地区的饮食菜肴。西餐一般以刀叉为餐具，以面包为主食，多以长形桌台为主。西餐宴请，其菜式、餐具用品、进食方式、酒水搭配等与中餐有很大不同，特别是在用餐礼仪方面。由于文化差异的原因，不谙西餐礼仪的人往往会在宴请中手足无措、洋相百出。

5.3.1 西餐的主要特色

西方各国的餐饮文化都有各自的特点，各个国家的菜式也都不尽相同。例如，法国人会认为他们做的是法国菜，英国人则认为他们做的是英国菜。吃西餐在很大程度上讲是在吃情调：大理石的壁炉、熠熠闪光的水晶灯、银色的烛台、缤纷的美酒再加上人们优雅迷人的举止，这本身就是一幅动人的油画。为了在初尝西餐时举止更加娴熟，我们应熟悉并练习西餐进餐礼仪。

下面介绍西餐文化的六大特色：

一、菜谱

西餐中菜谱被视为餐厅的门面，通常采用最好的材料做菜谱的封面，有的甚至用软羊皮打上各种美丽的花纹，显得格外典雅精致。

菜谱的重要性不必多说，因为看菜谱、点菜已成了吃西餐的一个必不可少的程序，是一种优雅生活方式的表现。请宾客根据个人的喜好自行点菜，是一种尊重对方的表现。

二、音乐

豪华高级的西餐厅或酒店，通常会有乐队演奏一些柔和的乐曲，一般的西餐厅也播放一些美妙典雅的乐曲。这里最讲究的是乐声的"可闻度"，声音要达到"似听到又假听不到的程度"，即集中精力和友人谈话就听不到，在休息放松时就听得到，这个"火候"要掌握好。

三、气氛

西餐讲究环境雅致，气氛和谐。除了要有音乐相伴之外，桌台一定要整洁，所有餐具一定要洁净。如遇晚餐，灯光要昏暗，桌上要有红色蜡烛，以营造一种浪漫、迷人、淡雅的气氛。

四、会面

选择西餐方式进行商务宴请，前提是宴请的宾客对西餐应有所了解或可以接受，避免因宾客不熟悉或不喜欢吃西餐而造成双方尴尬。吃西餐主要是为联络感情，因此在西餐餐桌上不应讨论过于严肃的话题，即便是商务话题，也应以轻松的方式进行交谈，切勿争论。

五、礼节

这是指"吃相"和"吃态"。西餐宴请应遵循西方的习俗,勿有唐突之举。特别是西餐餐具与中餐餐具有较大区别,使用的规矩、讲究更多,稍不留意就会"失态"。另外,西餐宴会,主人会安排男女相邻而坐,讲究"女士优先",表现出对女士的尊重。

六、食品

中餐是以"味"为核心,西餐则以营养为核心,至于味道当然是无法与中餐相提并论的。

5.3.2 西餐入座礼仪

隆重的商务宴请场合,会提前在餐桌上摆好位次桌牌,宾客需根据安排好的位次入座,或由安排好的服务生带领入座,不可贸然入位,同时也不要过于礼让。

西方对绅士的要求极为严格,"女士优先"的原则在西餐礼仪中表现得淋漓尽致。因此,在西餐商务宴请中,无论是进、出座位还是在菜肴的选择上,抑或是用餐的过程中,女士都受到更多的尊重和爱护。

与中餐宴请相同,入座方式是从左侧入座。入座后坐姿要端正,不可用手托腮或将双臂肘放在桌上;脚不可随意伸出,以免影响别人;不可玩弄桌上酒杯、盘碗、刀叉、楔子等餐具;不要用餐巾擦拭餐具,以免让人认为餐具不洁。

5.3.3 西餐上菜礼仪

西餐在菜单的安排上与中餐有很大不同。以举办宴会为例,中餐宴会除冷菜外,还要有热菜、主菜,再加上点心、汤、甜食和水果,显得十分丰富。而西餐虽然只有六七道菜,看起来很简单,但西餐取材丰富、用料讲究,注重营养、讲究卫生。下面将其上菜顺序作以下简单介绍。

一、头盘

西餐的第一道菜是头盘,也称为开胃菜。开胃菜一般有冷头盘或热头盘之分,常见的品种有鱼子酱、鹅肝酱、熏鲑鱼、鸡尾杯、奶油鸡酥盒、焗蜗牛等。因为是要开胃,所以开胃菜一般都具有特色风味,味道以咸和酸为主,而且数量较少,质量较高。

二、汤

与中餐极大不同的是,西餐的第二道菜就是汤。西餐的汤大致可分为清汤、奶油汤、蔬菜汤和冷汤四类。品种有牛尾清汤、各式奶油汤、海鲜汤、意式蔬菜汤、俄式罗宋汤、德式冷汤、俄式冷汤等。

三、副菜

鱼类菜肴一般作为西餐的第三道菜，也称为副菜。品种包括各种淡水鱼类、海水鱼类、贝类及软体动物类。通常水产类菜肴与蛋类、面包类、酥盒菜肴均称为副菜。因为鱼类等菜肴的肉质鲜嫩，比较容易消化，所以放在肉类菜肴的前面，叫法上也和肉类菜肴主菜有区别。西餐吃鱼类菜肴讲究使用专用的调味汁，品种有鞑靼汁、荷兰汁、酒店汁、白奶油汁、大主教汁、美国汁和水手鱼汁等。

四、主菜

肉、禽类菜肴是西餐的第四道菜，也称为主菜。肉类菜肴的原料取自牛、羊、猪、小牛仔等各个部位，其中最有代表性的是牛肉或牛排。牛排按其部位又可分为沙朗牛排（也称西冷牛排）、菲利牛排、"T"骨型牛排、薄牛排等。其烹调方法常用烤、煎、铁扒等。肉类菜肴配用的调味汁主要有西班牙汁、蘑菇汁、白尼斯汁等。禽类菜肴的原料取自鸡、鸭、鹅，通常将兔肉和鹿肉等野味也归入禽类菜肴，禽类菜肴品种最多的是鸡，有山鸡、火鸡、竹鸡，可煮、可炸、可烤、可焖，主要的调味汁有黄肉汁、咖喱汁、奶油汁等。

五、蔬菜类菜肴

蔬菜类菜肴可以安排在肉类菜肴之后，也可以与肉类菜肴同时上桌，可以算为一道菜，或称为一种配菜。蔬菜类菜肴在西餐中称为沙拉，一般用生菜、西红柿、黄瓜、芦笋等制作。沙拉的主要调味汁有醋油汁、法国汁、千岛汁、奶酪沙拉汁等。还有一些蔬菜是熟食，如花椰菜、煮菠菜、炸土豆条。熟食的蔬菜通常与主菜的肉食类菜肴一同摆放在餐盘中上桌，称为配菜。

六、甜品

西餐的甜品是主菜后食用的，可以算作第六道菜。从真正意义上讲，它包括所有主菜后的食物，如布丁、煎饼、冰淇淋、奶酪、水果等。

七、咖啡、茶

西餐的最后一道是上饮料，即咖啡或茶。饮咖啡一般要加糖和淡奶油。茶一般要加香桃片和糖。

以上全套餐点通常只在非常隆重、正式的宴请中才会全部上齐，普通宴请或便餐如点太多会吃不完反而失礼。一般而言，西餐选择菜、汤、主菜（鱼和肉择其一）加甜点是最恰当的组合。

5.3.4 西餐餐具礼仪

广义的西餐包括刀、叉、匙、盘、杯、餐巾等，狭义的餐具则专指刀、叉、匙三大件。

一、西餐餐具的摆放礼仪

（1）餐席中央通常放置垫盘或展示盘，盘上放折叠整齐的餐巾或餐纸，也有把餐巾或餐纸折成花蕊状放在玻璃杯内的。

（2）垫盘两侧的刀、叉、匙排成整齐的平行线，垫盘右边摆刀、汤匙；垫盘左边摆餐叉。一个座席一般只摆放三副刀叉，可依用餐顺序、前菜、汤、料理、鱼料理、肉料理，视所需由外侧至内侧使用。

（3）玻璃杯摆右上角，最大的是装水用的高脚杯，次大的是饮用红葡萄酒所用的，而细长的玻璃杯是白葡萄酒所用，视情况也会摆上香槟或雪利酒所用的玻璃杯。

（4）面包盘和黄油刀（供抹奶油、果酱用，而不是用来切面包），置于左手边，垫盘对面则放咖啡或吃点心所用的小汤匙和刀叉。

西餐餐具的具体摆放如图5-1所示。

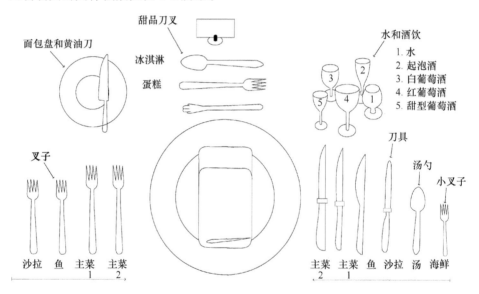

图 5-1　西餐的餐具摆放

二、西餐餐具的使用礼仪

（一）刀叉的使用礼仪

（1）刀叉持法：刀叉是按摆放顺序，从外侧向里侧按顺序使用的。

用刀时，应将刀柄的尾端置于手掌之中，以拇指抵住刀柄的一侧，食指按在刀柄上，其余三指则顺势弯曲，握住刀柄。如果用餐时，有三种不同规格的刀同时出现，一般正确的用法是：带小锯齿的那一把用来切肉制品；中型刀用来切蔬菜；小刀用来挑蘸果酱、奶油涂在面包上面。切割食物时双肘下沉，前臂应略靠桌沿，防止正在切割的食物飞出去。

叉子的拿法有背侧朝上及内侧朝上两种，要视情况而定。背侧朝上的拿法和刀子一样，以食指压住柄背，其余四指握柄，食指尖端大致在柄的根部；叉子内侧朝上时，则如铅笔拿法，以拇指、食指按柄上，其余三指支撑柄下方。左手拿叉，叉齿朝下，叉起食物往嘴里送。动作要轻，捡起适量食物一次性放入口中。叉子捡起食物入嘴时，牙齿只碰到食物，不要让刀叉在齿上或盘中发出声响。吃体积较大的蔬菜时，可用刀叉来折叠、分切。较软的食物放在叉子平面上，用刀子整理一下。

（2）使用刀叉要注意：动作不要过大，以免影响他人；切割食物时，不要弄出声响；切下的食物要刚好一口吃下，不要叉起来一口一口咬着吃；不要挥动刀叉讲话，也不要用刀叉指人；掉落到地上的刀叉不可捡起再用，应请服务员另换一副。

使用刀叉进餐：从外侧往内侧取用刀叉，要左手持叉，右手持刀；切割食物时左手拿叉按住食物，右手执刀进行切割。使用刀时，刀刃不可向外；通常刀叉并用是在取食主菜的时候，但若无须要刀切割时，则用叉节割即可。

（3）席间摆放刀叉：进餐中放下刀叉时应摆成"八"字形，分别放在餐盘上，刀刃朝向自身，表示还要继续吃；每吃完一道菜，将刀叉并拢放在盘中；用餐结束后，平行地斜放在盘上一侧。

如果是席间需要与在座宾客谈话，可以拿着刀叉，无须放下；不用刀叉时，可用右手持叉；但若需要做手势时，就应放下刀叉，千万不可手执刀叉在空中挥舞摇晃，也不要一只手拿刀或叉，而另一只手拿餐巾擦嘴，或一只手拿酒杯，另一只手拿叉取菜。

（二）餐匙使用礼仪

餐匙也称调羹，是西餐中不可或缺的餐具，分汤匙、甜品匙和茶匙三种。在用途上，三者不可相互替代，也不可用来舀取其他主食、菜肴。汤匙个头儿较大，甜品匙个头儿较小，茶匙只起搅拌作用，不能以之舀取茶饮用。

使用餐匙时，持匙用右手，持法同持叉，但手指务必在匙柄之端。餐匙不能在所取食物中乱搅一气，每次取食应数量适中，餐匙不宜全部入口，尽量保持餐匙干净清洁。

（三）餐巾使用礼仪

一般来说，餐巾放在餐盘的正中或叉子的旁边。入席后，可以将餐巾放在胸前下摆处，或者平铺到自己并拢的大腿上。餐巾的打开、折放应在桌下悄然进行，不要影响他人。

餐巾起保洁作用，防止菜肴、汁汤落下来弄脏衣服；也可以用来擦嘴，但不能用其擦脸、擦汗、擦餐具；还可以用来遮掩口部，在需要剔牙或吐出嘴中的东西时，可用餐巾遮掩，以免失态。如果餐巾掉在地上，应另换一块。

（四）水盂的使用礼仪

水盂是在用餐之前洗手的。在龙虾、鸡或水果等需动手取食的菜肴时，会为每位宾客送上一只加入玫瑰花瓣或柠檬片的水盂，切勿将其当作饮用之水，只可作为洗手之用。洗手时，尽量收敛动作，不要溅出水花或随便甩手。

5.3.5　西餐中饮酒礼仪

西餐的用餐气氛与环境极为讲究，以保证宾主在优雅、浪漫、温馨的环境与心境下用餐。酒是一种能够营造浪漫氛围的特殊礼品，所以在西餐中酒的地位举足轻重，西餐中酒不仅种类多，而且不同的食材应搭配不同的酒，喝法也有所区别。在西餐宴请中，即便是不会喝酒的人，也应掌握西餐中的酒文化与饮酒礼仪。

一、西餐中的酒和酒杯

（1）西餐中饮用的酒大致可分为烈酒、啤酒、葡萄酒等，按制造原料又可分为白兰地、威士忌、朗姆酒、葡萄酒、啤酒、鸡尾酒等。在西餐宴请中，根据与菜肴的配合和饮用方式，西餐酒可分为餐前酒、佐餐酒和餐后酒三种。

（2）西餐中，不同的酒应配以不同形状的酒杯，因此西餐中的酒杯种类也非常复杂。

二、西餐中酒与菜肴的搭配

（1）餐前酒。餐前酒俗称开胃酒，一般在正式用餐前或与开胃菜搭配饮用，有提升食欲和使人愉悦的作用。餐前酒有鸡尾酒、雪利酒和香槟酒。

（2）佐餐酒又称餐酒，用来与正式菜肴搭配，以葡萄酒为最佳。出于对菜肴的味觉隔离和解腻、营养等功效的考虑，大多数选用干葡萄酒或是半干葡萄酒。西餐中有一个约定俗成的惯例，就是"白酒配白肉，红酒配红肉"。白肉，是指鱼、虾、海鲜和鸡肉等，需要和白葡萄酒搭配。红肉，是指牛肉、羊肉、猪肉等肉类，吃这些肉的时候要用红葡萄酒搭配。

（3）餐后酒，指的是用餐之后，用于消除油腻、帮助消化的酒，通常选用利口酒即甜酒。最有名的餐后酒是有"洋酒之王"之称的白兰地酒。

三、西餐饮酒礼仪

（一）斟酒的礼仪

一般情况下，餐厅服务员会为宴会宾客斟酒。以葡萄酒为例，应首先将酒注入主人酒杯内1/5量，请主人品评酒质，待主人确认后再按顺序进行酒水的斟倒服务。进餐当中每斟一种新酒时，则将上道酒挪后一位（即将上道酒杯调位到外档右侧），便于宾客举杯取用。如果宴请宾客中有比主人位高的宾客，饮宴则应先斟位高者，后斟主人，对其他宾客，则按座位顺时针方向依次斟酒，同时也会遵循女士优先的惯例。酒液斟入杯中的最大横切面，酒液与空气充分接触，可以使人充分体会酒香的魅力。啤酒等含泡沫气体的酒，斟倒时分两次进行，以泡沫不溢为准。较为标准的啤酒杯上都印有酒液和泡沫的分界刻度，以便能更好地掌握斟倒啤酒的成数。

如不会或不能饮酒，服务人员前来斟酒时，只要伸出单只手轻轻地遮在玻璃杯上，服务人员即能了解。

（二）敬酒、干杯的礼仪

在西方国家，正式宴会上都有敬酒的习惯，用以活跃宴会气氛，表达对宾客的友好与欢迎。

敬酒的时机要掌握得恰到好处，就座主人应先向主宾敬酒，而后向所有来宾敬酒。如果主人没有要敬酒的动作，而且已经开始喝酒，这时宾客不应主动敬酒。敬酒时，一般都会有祝酒词。在他人敬酒或致辞时，其他在场者应一律停止用餐或饮酒。

干杯时，需要有人率先提议。提议者应起身站立，右手端起酒杯，或用右手拿起酒杯后，以左手托其杯底，面含微笑，真诚地面对他人。在主人提议干杯后，即使我们滴酒不沾，也要起身，拿起酒杯示意，以示对主人的尊敬。

西餐用来敬酒、干杯的酒，一般都用香槟。干杯时以饮去杯中一半酒为宜。而且，西餐中只是敬酒不劝酒，只敬酒而不真正碰杯，同时不可以起身走动。越过自己身边的人和相距较远者祝酒干杯，尤其是交叉干杯是非常不礼貌的。

5.3.6 餐后礼仪

西餐宴请场合，用餐完毕后告退不宜过早或过迟。如果是主宾，就应先于其他客人向主人告辞。一般来说，条件允许的话，主宾应在用完点心，宴会结束后，移动到客厅，与主人和其他来宾交谈20～40分钟，相继告辞。一般其他宾客不应先于主宾告辞，否则对主人和主宾均不礼貌。如有事情，应向他们说明情况，求得谅解。

在出席私人宴请活动后，应打电话表示感谢。如过不了多久又要再次见面，也可面谢。

【小阅读】

关于吃西餐的6M

1. Menu（菜谱）

看菜谱、点菜是吃西餐必不可少的程序，是优雅的表现。

所以，千万不要让服务员为自己点菜或是对菜谱置之不理然后来句"老三样"。菜谱被视为西餐厅的门面，那么质感并典雅的菜谱大致可以为自己判断餐厅的质量。而菜谱上那些以餐厅名字命名的菜，通常都是招牌菜，不可错过。

2. Music（音乐）

豪华西餐厅里的音乐讲究的是"可闻度"，即声音高低的程度为"似乎听到又似乎听不到"。也就是说，集中思考或是谈话就会听不到而想放松休息又能听得到，所以，是否想享受那美妙优雅的音乐全凭自己的心情而定。

3. Mood（气氛）

环境优雅、氛围和谐是大家通常选择西餐厅的条件之一。整洁的桌台、餐具更是激发好心情的元素。而恰巧自己想营造一些浪漫，那暗淡的灯光以及桌上的红色蜡烛会帮助到自己。

4. **Meeting（会面）**

　　选择吃西餐的同伴至关重要，志同道合的朋友绝对可以为心情加分，而缓慢淡雅的环境也适合联络感情。不建议谈生意的时候吃西餐，面红耳赤的场面绝对会打破那原本的温馨和惬意。

5. **Manner（礼节）**

　　西餐提供着两种美学享受，即美食和交谈。正因如此，在欧洲所有跟吃饭有关的事情都备受关注。而优雅的用餐礼仪也是享受环境和美食的基础，是一顿精致的西餐必不可少的一部分。

6. **Meal（食品）**

　　西餐更注重的是尽量保持食物的原汁和天然营养，比如他们认为不完全熟透的牛排才能尽显其美味和营养，这不同于中餐的以"味"为核心的观念。一位美国美食家曾这样说："日本人用眼睛吃饭，料理的形式很美；吃我们的西餐，是用鼻子的，所以我们鼻子很大；只有你们伟大的中国人才懂得用舌头吃饭。"

　　（资料来源：https：//wenku.baidu.com/view/9f3731110b4e767f5acfce84.html）

第6章 商务办公礼仪

6.1 办公室礼仪

【引导案例】

某照明器材厂的业务员金先生按原计划,手拿企业新设计的照明器材样品,兴冲冲地登上悦华贸易公司的六楼,脸上的汗珠未及擦一下,便直接走进了业务部张经理的办公室,正在处理业务的张经理被吓了一跳。"对不起,这是我们企业设计的新产品,请您过目。"金先生说。张经理停下手中的工作,接过金先生递过的照明器,随口赞道:"好漂亮啊!"并请金先生坐下,倒上一杯茶递给他,然后拿起照明器仔细研究起来。金先生看到张经理对新产品如此感兴趣,如释重负,便往沙发上一靠,跷起二郎腿,一边吸烟一边悠闲地环视着张经理的办公室。当张经理问他电源开关为什么装在这个位置时,金先生习惯性地用手搔了搔头皮。虽然金先生作了较详尽的解释,张经理还是有点半信半疑。谈到价格时,张经理强调:"这个价格比我们预算高出较多,能否再降低一些?"金先生回答:"我们经理说了,这是最低价格,一分也不能再降了。"张经理沉默了半天没有开口。金先生却有点沉不住气,不由自主地拉松领带,眼睛盯着张经理,张经理皱了皱眉。"这种照明器的性能先进在什么地方?"金先生又搔了搔头皮,反反复复地说:"造型新、寿命长、节电。"张经理托辞离开了办公室,只剩下金先生一个人。金先生等了一会儿,感到无聊,便非常随便地抄起办公桌上的电话,同一个朋友闲谈起来。这时,门被推开,进来的却不是张经理,而是办公室秘书。

(资料来源:http://www.chinadmd.com/file/poicperiazax3wtas6tpzzri_2.html)

问题:
(1) 请结合案例,分析金先生的生意没有谈成的礼仪缺陷有哪些?
(2) 在商务活动中,金先生应该如何注意自己的个人礼仪问题?

办公室是指办理日常工作事务的场所或提供服务的地方。对内是公职人员、商务职员和企事业单位专业技术或管理人员履行职责的办公场所,对外是一个部门或单位面向社会的窗口。人在职场,每一个人都希望自己在事业上有所成就,在单位里受人欢迎,工作得心应手，这一切的建立都与办公室礼仪有着密切的联系。办公室里的一切行为举止都应遵循办公室礼仪。

6.1.1 办公室礼仪概述

办公室礼仪是指工作人员在办公室办理工作事务时所应遵守的行为规范和准则。它涵盖的范围很广，包括环境、服饰、行为举止和语言等方面。职场中的人一天中有很多的时间在办公室里度过，在同一个空间，长时间地和同一群人相处，如果不注意礼仪规范，势必影响工作，甚至伤及同仁间的感情。所以学习办公室礼仪是职场人员必学之课。

6.1.2 办公室环境礼仪

一、办公室环境礼仪内涵

办公室是工作人员共同办公的地方，也是现代商务活动的重要交际场所。办公室的环境优劣直接影响到工作效率和工作质量。清洁、整齐、明亮、舒适的工作环境有利于形成庄重严肃的工作气氛，调动员工的工作积极性。

二、办公室环境礼仪规范

（一）保持室内清洁卫生

办公室要经常清扫，做到地面清洁光亮，墙面、桌面和办公设备无灰尘、无污迹；室内垃圾、废纸要随时清理，不留死角；保持办公室内空气清新，不要在办公室放置有味道、刺激性强的物品；为了共同健康，严禁在室内吸烟。

（二）物品放置整齐有序

室内办公设备摆放位置要适当，要便于工作人员使用；外套等衣物应在上班前放在更衣室内，不得随意搭在桌上或椅背上；个人挂饰、个性化物品应挂在屏风内侧，不能超过屏风高度；闲置物品或公共物品不能随意堆放，应该整理后放置在空闲办公桌下或较隐蔽的地方。

办公桌物品摆放如图6-1所示。

（三）墙上张挂符合规范

室内张挂要进行整体设计，不能随心所欲。张挂物要精心选择，无论在内容、样式和形状方面都要有利于形成办公氛围；张挂物的距离要适当，悬挂物的位置要合适；墙上的时钟要保持准确，不许有差误；不得私自张贴画报，随意涂鸦和嵌入铁钉，始终保持墙面的洁净美观。

1. 工位立面一律不准张贴各类纸张（电话表、便签、照片等）；
2. 文件夹内资料按内容分类整理，如有文件架，置于人名签下方；
3. 多余电源线、电话线、网线要进行捆扎（捆扎带到办公室领取）

图 6-1　办公桌物品摆放

（四）桌面物品摆放规整

办公桌面要经常收拾，物品摆放要规整。桌面用品要分类整理，常用的物品要摆放在随手可以拿到的地方；禁止在桌面上摆放装饰品和与工作无关的如餐具、玩具等私人用品；文件资料放置要有秩序，要及时清理归档。

6.1.3　办公室服饰礼仪

一、办公室服饰礼仪内涵

和其他场所相比，办公着装的目的应该是体现权威、声望或精明干练。办公人员的服饰不仅涉及个人形象问题，还涉及组织形象问题。因此，办公服饰给人的总体印象应该是严肃认真、积极努力的，这样才能获得周围人的尊重和认可。

二、办公室服饰礼仪规范

在商务活动中，办公服饰的要求根据各行各业的性质各有不同，但只是大同小异。不管是统一服饰还是各自着装，都应遵循以下服饰礼仪规范：

第一，男女着装都要庄重大方，整洁文雅。有工服的统一着工装，且要整套穿着，不可随意搭配。

第二，男士可以西装为主，也可以着商务休闲夹克类，颜色以黑、灰、蓝、白为主色调，可以少量颜色搭配、镶嵌，但要求不花哨，不另类。质地要好，避免因劣质面料造成日后衣服的变形、褶皱、残破等问题出现。运动装、旅游鞋等功能装不可以用于商务办公场所。

第三，男士不能在办公场所随意脱解衣物，不能戴帽子和墨镜，不能穿背心、短裤、凉鞋或拖鞋，更不适合赤脚穿鞋，甚至赤膊出现在办公场所。

第四，女士一般着套装、套裙、连衣裙或长裙，裙长应当讲究。年轻女性短裙短至膝盖上不超过5厘米为宜，中老年女性的短裙以盖住膝盖为宜。

第五，不宜穿过于艳、露、透、短、小的衣服，内衣不可外观，否则很不雅观。在办公室里工作，佩戴的首饰也不宜过多，走起路来摇来摇去的耳环会分散他人注意力，叮当作响的手镯也不适宜。服饰颜色不宜过于艳丽，花枝招展的打扮不仅丑化形象，还降低了品位。

第六，女士发型大方得体，禁止彩色染发。指甲不可以超过2厘米，指甲油以淡色为宜。

第七，男士发式整齐干净，长度达到"前不附额，侧不遮耳，后不及领"的标准。

第八，服饰要经常换洗，讲究卫生，注意整洁。

6.1.4 办公室举止礼仪

一、办公室举止礼仪内涵

办公室举止礼仪是指办公人员在办公场所应该做到的各种行动、行为的规范。古语言："听其言，观其行。"工作人员在与他人接触过程中的一言一行、一举一动、一颦一笑，不仅是自身素质的体现，而且直接影响着单位的形象。

二、办公室举止礼仪规范

办公室中的工作人员应该自觉地做到尽职尽责、自尊自律、举止端庄、团结协作、和谐融洽。具体内容如下：

（一）尽职尽责

在工作中分工有不同，责任有大小，但是每一项工作都关系着全局。因此，每个人都应该遵守各项规章制度和行为规范，做到：不迟到、不早退，有事请假；工作热情饱满，工作作风严谨；爱岗敬业，忠于职守；团结一致，相互协作等。"言为心声，行为心表"，恪尽职守的本身就是行为美的最佳表现。

（二）自尊自律

自尊是自我尊重，做人、做事不卑不亢；自律是自己能够控制自己，不做出格的事。在办公场所应做到：为了不影响同事，自觉做到"三轻"（走路轻、说话轻、操作轻）；为了向客户提供优质服务，自觉做到"四文明"（文明用语、文明礼节、文明微笑、文明服务）；为了协调好人际关系，自觉做到主动热情，但又要保持适当距离；为了维护办公氛围，不吃零食，不当众化妆，不打游戏，不搬弄是非等。

（三）举止端正

举止端庄是对工作人员的基本要求。例如，服装服饰要整洁、大方，发型化妆要讲究得体；待人接物要主动热情，言谈举止要彬彬有礼；做人要谦逊低调，做事要讲诚信；公事与私事要分开，公物与私物要分用；在同事之间不讲闲话，不散布小道消息，不做有损于集体荣誉的事情等。规范的言行，能展示一个人的人格魅力，也能赢得同事们的尊重和信任。

（四）团结协作

办公室是各部门人员共同办公的地方，部门之间有分工也有合作，有竞争也有帮助。要想把工作做得出类拔萃，光凭自身的业务能力和埋头苦干是不行的，还要讲究团队精神。员工之间要彼此沟通，随时交流，相互支持，相互学习，从全局出发，协调好各方面的关系，调动起一切智慧和力量，才能保证整体工作的高效运行。

（五）和谐融洽

对于办公人员来说，办公室是除了家庭以外最重要的场所。因此，同事之间要相互信任，相互关心；出现了矛盾和分歧要当面讲清，及时化解；对于工作中的失误要勇于承担，求得同事的理解；对于生活中遇到的困难要互相关心，予以真诚的帮助等。

6.1.5 工作语言礼仪

一、工作语言礼仪内涵

工作语言的礼仪规范讲究"言辞得体"。办公人员的言语是否得体，可以反映其精神面貌，体现其文化教养。语言不当，会使人感到冷漠、不快，甚至感觉受到侮辱；文明、礼貌、优美的语言，会产生巨大的魅力，让人们心中感到温暖和亲切。

二、工作语言礼仪规范

办公室中的工作人员应该掌握工作语言礼仪规范，具体内容如下：

（一）说话要和气

说话和气是指态度温和，说话温文尔雅，不急不躁。处理同一件事，有时由于说话态度不同，产生的效果可能大不一样。俗话说："一句话说得让人笑，一句话说得让人跳"，说话是一种语言的艺术。

在办公室工作中，说话和气是对工作人员最基本的要求。例如，在与人谈话时态度要诚恳，语气要亲切；对于工作中遇到的问题，应该心情气和地进行协商；有时候意见不统一，不可出言不逊，争吵不休；即使领导者也不能感情用事，动辄对员工加以指责和训斥，这将伤害员工的自尊和形象。

在工作中，同事之间应当互相帮助，当有的请求无法满足时，婉言拒绝有助于打破进退两难的僵局。一般情况下，婉言拒绝的方式有如下几种：

第一，以旁借理由拒绝："你能来参加我的宴会吗？""谢谢你的好意，我已经有约会了。"

第二，阐明后果再拒绝："你把这个给我吧。""真对不起，我如果把它给您，就影响工作了。"

第三，先肯定后否定："你愿意帮我做吗？""我很愿意，可真抱歉，我实在没有时间。"

第四，拒绝之后另寻办法："这件事我要这样办。""照您的意思办大概不行，我想您可以试试另一种办法。"

第五，引导对方自己放弃：钱钟书先生在拒绝一位很想拜访他的美国女士时说："如果您吃了一个鸡蛋觉得味道不错，又何必要认识下蛋的那只母鸡呢？"让我们认识到大师拒绝时的幽默智慧。

（二）谈吐要高雅

所谓谈吐高雅，并不是要求人们咬文嚼字、不苟言笑，而是要求说话要讲文明、讲礼貌。例如，与来访者谈话要面带微笑，给人以宾至如归的感觉；与同事们谈话要把握分寸，注意男女有别；谈话的内容和格调要高雅，不讲粗话、脏话、牢骚话、抱怨话；在同事之间不谈论私人生活和令人不愉快的话题，以免产生消极情绪；做人要低调，不要自我炫耀等。谈吐高雅能缩短人与人之间的距离，增强相互之间的理解。

工作语言要多一些赞美，少一些批评。在工作中，恰当地给同事一些赞美，例如："您的观点很独到""您的工作值得称赞""您的计划很有可操作性"。这样的话语能拉近同事之间的距离。像"你的想法太愚蠢了""你的工作能力太差了""你要改改你的缺点"这类的语言会让人觉得很刺耳。美国著名演讲家戴尔·卡耐基说："矫正对方错误的第一个方法——批评前先赞美对方"。如果在批评前，先抓住对方的长处给以真诚的赞美而后批评，就能化解被批评者的对立情绪，使批评在和谐的气氛中进行，达到非同一般的效果。

工作语言要多一些讨论，少一些争辩。只要语言得当，讨论也就等于是谈话。在工作中交流不同的观点时，采用相互探讨的语言易于被接受。相反，愤怒激烈的争执，咄咄逼人的腔调让人怀疑人的修养。在过激的言辞中可能会暴露人致命的弱点。

在工作中，要学会调动对方参与谈话的积极性。巧妙得体的提问是调动谈话积极性的好方法。"你不觉得我的想法很特别吗？""能给我介绍你的经验吗？"或者向对方虚心请教某个问题。

（三）相处用敬语

敬语就是含恭敬口吻的话语。人际感情能否沟通，关键取决于交际者用什么方式、什么感情交谈。敬语是展示谈话人风度与魅力必不可少的基本要素之一，是尊人与自尊相统一的重要手段。特别常用的敬语，主要在以下几个场景使用。

1. 彼此相见

人们彼此相见时,开口问候:"您好!""早上好",这显示了谈话人的教养、风度和礼貌。

2. 表示感谢

在对方给予帮助、支持、关照、尊重、夸奖后,最简洁、及时而有效的回应就是由衷地说一声"谢谢"。

3. 有求他人

有求他人时,言语中冠以"请"字,会赢得对方的理解和支持。

4. 有过失礼

人际接触频繁,难免有失礼的时候。但倘若能及时真诚地说一声"对不起""打扰您了",就会使对方趋怒的情绪得到缓解,化干戈为玉帛。

在工作中要尽量少用"我"字,多用"您"字。要经常说:"您认为呢?"而不是:"我想怎样怎样。"工作语言中要得体的表现自我,恰当地使用"依我拙见……""您的高见……"等谦恭的词句,能给人留下有修养的印象。

(四)语言要风趣

说话风趣诙谐,幽默睿智,这是很高的艺术。在工作谈话中运用这种艺术会收到好的效果。在日常工作中,需要一些幽默风趣的小插曲以调节气氛。与别人初次见面,幽默的谈话会赢得对方的好感。在办公过程中经常会因为出现不和谐因素而产生分歧或引发争论,这就需要交谈者随机应变,凭借智慧避开或消除障碍。恰到好处的幽默风趣,不仅能增强语言的感染力,还能化解尴尬局面。例如,当谈判陷入僵局时,可能由于某人的一句幽默话而云开雾散;当因紧张工作而疲惫不堪时,可能由于一段新闻趣事而活跃了气氛。但值得注意的是,幽默要看时机和场合,不得滥用,也不能喧宾夺主。具有幽默感的批评性谈话,使人乐意接受。在工作劳累的时候,来点幽默的笑话,使人得到积极的休息。总之,幽默是办公过程中不可缺少的润滑剂。

(五)讲好普通话

我国幅员辽阔,人口众多,各地方的语言差别很大,对彼此沟通交流造成了一定的困难。随着我国市场经济的发展,随着城市化进程的加速,普通话的使用和推广已经成为日益紧迫的问题。为了适应社会发展的需要,学好、用好普通话,用准确流畅的普通话与同事沟通、向客户提供服务,也是对每一位职场人员的要求。

【小阅读】

案例一

抗日战争胜利后,著名国画大师张大千要从上海返回四川老家。行前,他的学生糜耕云设宴为大师饯行。这次宴会邀请了梅兰芳等社会名流出席。宴会伊始,张大千先生向梅兰芳敬酒时说:"梅先生,你是君子,我是小人,我先敬你一杯。"梅兰芳不解其

意,忙含笑问:"此作何解?"张大千先生笑着答道:"你是君子——动口,我是小人——动手。"张大千先生的幽默引得宾客为之大笑。

案例二

遇到挑衅性的问话的时候,用幽默的语言回答,比直接驳斥有时会取得更好的效果。爱迪生致力于制造白炽灯泡的时候,有人取笑他说:"先生,你已经失败了1200次了。"爱迪生回答说:"我的成功就是发现了一两百种材料不适合做灯丝!"说完,他自己哈哈大笑起来。他的幽默答话化解了自己的困境,对方再也说不出什么挑衅性的话来了。

6.2 求职面试礼仪

【引导案例】

某游戏软件公司欲招三名软件开发人员,通过笔试、上机操作,有四人成绩优秀,某学院计算机科学专业的小唐就是其中一个。面试那天,小唐才知道另外三人中有两人是名牌高校的本科生,还有一个是研究生,于是小唐在心理上就觉得低人一等。面对考官的提问,小唐明明知道答案,也不敢抢先回答,害怕答错了招人笑话。即使偶尔回答问题也是抬头瞟一眼考官便迅速低下头,脸涨得通红,还不时偷眼看其他三位应聘者的反应。最终他被淘汰了。

(资料来源:http://www.chinadmd.com/file/p3rxtuivvxsxxwwwtxtxiuxv_5.html)

问题:

小唐面试失败的原因是什么?

面试是求职过程中必经的一步,大多数用人单位在招收新员工时都要进行面试。面试给公司和应聘者提供了双向交流的机会,既可以了解应聘者的专业水平,又可以让应聘者了解公司。大学生熟悉掌握求职面试中的基本礼仪,可以充分展现出求职者的修养及个人素质。

6.2.1 求职应聘前的礼仪

一、求职前的思想准备

(一)认知毕业生求职前的心理准备

选择适当的就业目标;避免理想主义,及时调整就业期望值;避免从众心理,不盲目攀比;克服自卑、胆怯的心理,树立自信心;不怕挫折,勇于向挫折挑战。

（二）熟悉应届毕业生思考求职前的 10 个问题

选择考研还是工作？选择大企业还是中小企业？选择本地还是外地？选择专业还是兴趣？自己具备哪些特长？职业兴趣：喜欢做什么？职业能力：能够做什么？个人特质：适合做什么？职业价值观：最看重什么？胜任特征：人岗是否匹配？

（三）了解选择怎样的工作

综合评判三个条件，决定自己的选择：有利于个人积累专业知识技能，有利于个人积累人际关系资本，有利于个人积累财务资本。总之，以是否有利于个人人力资本增值为标准，人生犹如长跑，毕业求职就是起跑点。

二、自荐

（一）了解自荐的方式

自荐有直接自荐和间接自荐两种方式。由本人向用人单位做自我介绍，即自我推荐，也称为直接自荐。借助中介人物或机构推荐自己称作间接自荐。广义的自荐可分为口头自荐、书面自荐、广告推荐、学校推荐、他人推荐五种方式。

（二）掌握编写自荐材料的要领

1. 针对性明确

在撰写自荐材料时，一定要突出行业和职业的特点，针对该行业和职业所需的能力进行材料的整合。在了解单位性质、所需岗位、企业发展状况的基础上，针对用人单位岗位需求进行撰写，这样的自荐材料适用性、针对性强，录用的概率大，最终达到被录用的目的。

2. 实用性明确

自荐材料属于实用文书，主要是将自身的基本情况、知识能力、专业特点、爱好特长、性格气质等综合素质向用人单位作全面介绍说明。要让用人单位在看到自荐材料后对自荐人产生浓厚兴趣。

（三）了解自荐信的内容

自荐信，也称作求职信，是求职者向招聘单位提交的信函，集介绍、自我推荐和下一步行动建议于一体。自荐信的内容要说明：个人基本情况和招聘信息来源；所申请的职位；强调胜任相关工作的条件；凸显自我潜能；说明可以随时提供相关证明材料；表达面谈的愿望；附上自己满意的照片；附件（个人简历及有关证书的复印件）。

（四）掌握自荐信的写作要求

成功的自荐信应该文字简明，主题突出（将过去的业绩量化），措辞恳切（从对方的角度考虑），适度自信，富于个性，针对性强，整洁美观，杜绝错别字，措辞得体。不提具体工资待遇要求，不提与工作岗位无关的信息。

撰写自荐信的注意事项：忌自吹自擂、炫耀浮夸，要适度推销；忌虚弱胆怯、缺乏自信，要主动出击；忌滥用词句、哗众取宠，要摆正位置；忌东拉西扯、长篇大论，要恰到好处；忌平庸乏味、形象陈旧，要创新求异。

【求职信范文】

求 职 信

尊敬的×××公司领导：

您好！

首先衷心感谢您在百忙之中阅读我的求职信，为一位满腔热情的即将毕业的大学生开启一扇希望之门！

我是一名即将毕业于桂林旅游高等专科学校——会展策划与管理专业的学生，从智联招聘网站上了解到贵公司×××岗位的用人信息后，我怀着一颗赤诚的心和对事业的执着追求，真诚地推荐自己。

在校期间我通过刻苦学习，不仅按学校要求完成了所有公共课与专业课的学习，而且取得了优异的成绩，同时，正通过自学考试即将获得广西大学新闻学专业（本科）毕业证书。另外，利用课余时间不断充实完善自我，学习掌握了计算机基础知识与运用，能够熟练运用 Microsoft Word、Excel、PowerPoint 等 Office 应用软件，并能较好地应用 PS 以及 CorelDRAW 进行图形的处理，对 Delphi7、3D Max 也有基本的了解。具备较好的英语听说读写能力，同时对广东和四川方言有一定了解和掌握，能运用其进行日常交流。

作为一名会展策划管理专业的学生，我深知专业知识是基本，实践能力也同等重要。因此，我努力提高自身的综合素质，积极参加校内外各类文体和社会实践活动，并获得 2016 年百事可乐新星大赛广西赛区季军、十三届校园歌手大赛亚军、首届校英文歌手大赛亚军等。2015 年加入校棒球队、系篮球队，2015 年参加中国旅游交易会志愿者工作，担任小组长，带领组员出色完成大会期间的一系列志愿者工作。

我多次作为主要负责人参加学校各项大型晚会等活动的策划实施工作。同时，经常应邀协助其他高校活动策划与筹备工作，如 2016 年桂林电子科技大学首届大型爱心助学晚会，晚会获得了圆满成功，我的工作得到了各方肯定。

经过这些锻炼，自己具备了一定的会展、企业宣传、营销策划、晚会庆典等活动的策划组织经验。在学习与实践过程中，我学会了运用团队协作的力量，学会了从一次次失败教训中总结经验，更深刻体会到唯有勤奋才是真实的内涵！过去并不代表未来！对于未来的实际工作，我深信自己能够很快适应新的工作环境，熟悉业务，在实际工作中不断学习和完善自己，出色地完成每一次工作任务。

基于对贵公司×××岗位浓厚的兴趣和为贵公司效力的意愿，在此十分渴望得到贵公司的一次面试机会！个人简历一并附上，如能尽快收到面试通知，将不胜感激！最后，祝贵公司事业蒸蒸日上！全体员工身体健康！
　　此致
敬礼！

应聘人：×××
2016 年 12 月 6 日

三、简历的制作

（一）简历内容

简历，顾名思义，是对个人基本情况、学历、工作经历、特长爱好及其他相关情况简明扼要的书面介绍。对于求职者而言，简历必不可少。简历的内容大体包括以下几个方面。

（1）个人基本情况。包括姓名、性别、年龄、联系电话等，一般以此作为开始。

（2）个人教育情况。包括毕业院校、所学专业、教育程度等，也可以介绍相关的课程学习和学术水平等。

（3）特长与爱好。展示求职者的兴趣和专长，也能体现出性格特点。

（4）个人工作经历。包括工作单位、担任职务、工作业绩等。对于即将毕业的大学生，此项可填写勤工俭学、社会实践等内容。

（5）自我评价。包括性格特点、价值取向等内容，能够让用人单位对求职者有基本的了解。

（二）简历制作原则

1. 重点突出原则

语言简短，措辞准确，突出重点，便于阅读，要将个人基本情况简明扼要地表达出来。

2. 真实性原则

真实性原则又称客观性原则。基本信息齐全，内容完整，真实有效。

3. 条理性原则

要将简历内容有条理地进行表述，如个人基本资料、工作经历、教育与培训是首要内容，接下来应是职业目标、核心技能、语言与计算机能力、奖励和荣誉等。

【简历范文】

个人求职简历

基本信息

姓　　名：王晓飞	性　　别：男	出生年月：1994 年 11 月
民　　族：汉	政治面貌：团员	家庭所在地：北京市
身体状况：健康	身　　高：180cm	特　　长：足球，演讲

学　　　历：本科　　　　　　学　　　位：管理学学士
专　　　业：会计学　　　　　毕业院校：北京工商大学
联系电话：1389875××××　　　　E-mail：wangxiaofei@163.com
联系地址：北京市海淀区阜成路33号　邮编：100006

求职意向

＊会计相关岗位

教育背景

＊2009.09-2012.07　北京市×××高级中学

＊2012.09-2016.07　北京工商大学　市场营销专业　本科

＊主修课程：基础会计，中级财务会计，高等数学，管理学，会计电算化应用，会计制度设计，经济法概论，税法原理，西方经济学原理，证券投资学，电子商务基础教程，企业资源计划（ERP）及其应用，大学英语，成本会计，管理会计，程序设计教程（VB），数据库应用基础（VF），审计学，统计学，市场营销学，管理信息系统，行业会计比较，银行会计，财务管理

实践经历

＊2014年7—8月　　在北京市开元会计师事务所进行暑期社会实践

＊2015年1—2月　　在北京市承德会计师事务所进行社会实践

＊2016年3—5月　　在北京市志诚会计师事务所实习

技能证书

＊大学英语六级

＊计算机国家二级

＊助理会计师

获奖情况

＊2014—2015年　　获得北京工商大学一等奖学金

＊2015—2016年　　荣获"国家励志奖学金"

＊2016年6月　　荣获北京工商大学优秀毕业生荣誉称号

个人评价

＊诚实守信，富有责任心，有较强的自制力、沟通能力和执行力。

6.2.2　求职应聘中的礼仪

面试是求职过程中必经的一步，大多数用人单位在招收新的员工时都要进行面试。

一、时间礼仪

遵守时间是现代交际的一项重要原则，也是为人处世必须遵守的最起码的礼仪。应聘者在接到面试通知后，应当查找或实地考察乘车路线和路况，务必提前10~20分钟到达面试现场，以应对突发情况、调整心态、熟悉环境。"凡事预则立，不预则废。"在时间上留有一定的提前量，能使应聘者准备得更加从容。无缘无故地迟到，会给人留下

不良的印象。如果求职者有客观原因不能如约按时到场，应事先打个电话通知考官，以免对方久等。如果已经迟到，不妨主动陈述原因，宜简洁表达，这是必需的礼仪。

二、服饰礼仪

服饰是一种文化，也是一种语言，能够反映一个人的道德修养、文化素养和审美情趣。为了取得良好的面试成绩，求职者应该在服饰上认真做好准备。

对于面试穿什么样的服装，没有统一的标准，但是应该注意服装与体型、报考职务、环境场合相协调。着装的基本要求是：整洁、大方、得体，能够展现自我形象。

一般来说，选择服装要看职业要求。比如，应聘银行人员、政府部门人员、教师、企管、商业人员、文秘等，穿着应偏向传统正装。男士为了彰显庄重成熟、稳重大方的气质，可以穿西装。女士为了展现端庄大方、精明干练的形象，可以穿西装套裙，也可以化淡妆；应聘公关、演艺、杂志等带有创意性岗位，则可以适当地在服装上加些流行元素，以显示自己对时尚信息的捕捉能力。

求职者的服装应整洁大方。男士的服装要洁净挺括，领口、袖口不能有污渍，不能有脱线和破洞，衣服的扣子等配件应齐全等；女士的着装打扮应该符合大众的审美观，不要过于奢华，不要浓妆艳抹，不要穿过于紧绷或薄透的服装。过度的"包装"反而会给人留下浮躁、虚夸的感觉。面试基本服饰礼仪如图6-2所示。

着装给面试单位留下的初步印象固然很重要，但是求职者自身的实力才是成功的关键。过硬的专业知识和能力，鉴定、自信的仪态是赢得企业青睐的保证。

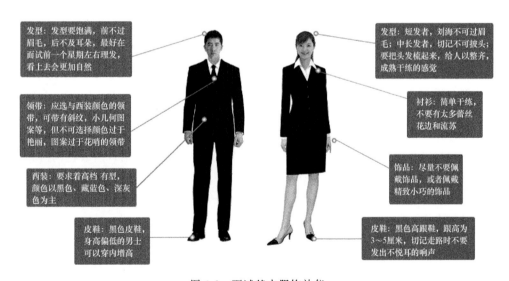

图6-2　面试基本服饰礼仪

三、仪态礼仪

仪态礼仪是指人们在交际活动中的举止所表现出的姿态和风度。面试官对求职者的评价，往往开始于对言行举止的观察和概括。

（一）入场礼仪

当面试引导员引导我们到面试考场时，要对引导员致谢；进入面试考场之前要自觉关掉手机，如果考场门是关闭的，要轻轻敲门，得到允许后再进入，即使考场门是虚掩的，也应先敲门，千万不可冒失地推门而入；进门后要随手轻轻关门；走到主考席前应向考官鞠躬问好，恭敬地自我介绍："尊敬的考官，你们好，我是×××。"听到对方请自己坐下时，应说声"谢谢"再落座；不要随意拖拉椅子，落座的动作要轻柔和缓，一般以坐到椅前的2/3为宜。

求职者进入面试考场后，若行握手之礼，应是考官先伸手，然后求职者伸出右手热烈响应。若求职者拒绝或忽视了考官的握手，则是失礼。若非考官主动先伸手，求职者切勿贸然伸手与考官握手。

求职者面试时必须带上个人简历、证件、自荐信。面试时一定要保证不用翻找就能迅速取出所有资料。送上这些资料时，应双手奉上，文字朝向对方，表现得大方和谦逊。

行走时步履要稳重、自然、有节奏感，两眼向前平视，显示出自己稳重而自信的品质。如果有引导员，注意不要走在他们前面，应该走在他们的后方，距离一米左右。

（二）面试中礼仪

在面试过程中，考生的表情要自然、真诚。应该做到：端庄中有微笑；严肃中有柔和。要把面前的考官当成平等的交流者，微笑着面对考官的提问。在"一对一"面试的情况下，求职者的目光要自然、真诚，既不要死盯着对方的眼睛，也不要东张西望，左顾右盼。在"一对多"面试的情况下，求职者的目光不能只注视其中的一位面试官，而要兼顾到在场的所有面试官，应面带微笑地环视一下，以眼神向所有人致意。真诚、自然的微笑能够向面试官传达真诚、友好、自信的信息，能够缓和在面试过程中的紧张气氛，获得面试官的认同。求职者的眼神要灵活，要与考官有所互动，适当地用眼神交流，表明自己已理解了考官提出的问题；面部表情要自然，要和语言所表达的内容相协调，迅速、敏捷地反映出自己的内心情感；此外，还要尽量避免一些习惯性的小动作，如频繁耸肩、吐舌头、揉搓衣服、抖腿、跷二郎腿等。与考官正面交流时允许适当地显示出自己的个性，但是不要过于夸张。

在面试时，求职者在行为举止方面还应注意如下几点：

第一，应聘时不要结伴而行。无论应聘什么职位，独立性和自信心都是招聘单位对每位应聘者的基本素质要求。

第二，保持一定的距离。面试时，求职者和考官必须保持一定的距离，不适当的距离会使考官感到不舒服。当求职者进入面试考场后，不要随意将椅子挪动。

第三，不卑不亢，举止大方。求职面试过程实际上是一种人际交往过程，双方都应用平和的心态去交流。求职者举手投足要自然优雅，不拘束，从容不迫，显示出良好的风度。

第四，忌高傲自负。有的求职者自以为学历高或者有经验、有能力，面试时傲慢不羁，不拘小节，表现出无所谓的样子，这是不可取的。

第五，勿犹豫不决。一般来说，求职者应聘时举棋不定的态度是不明智的。这会让考官感到求职者是个信心不足的人，难免怀疑其工作作风和实际能力，这样容易使其丧失机会。

面试时的基本坐姿如图 6-3 所示，"一对一"面试基本仪态如图 6-4 所示。

图 6-3　面试时的基本坐姿

图 6-4　"一对一"面试基本仪态

（三）退场礼仪

面试结束时，也要注意保持礼节。退场之前应主动收拾桌子上的应聘材料，然后面含微笑起身站立，轻轻扶正座椅，与考官致谢道别。即使面试过程中出现不顺利也不应该显现出懊恼的表情，因为有礼貌的告辞，不仅表示对考官的尊重，也能展示一个人良好的素养。

离开面试考场后，在走廊里不要和别人讲述过程。不要马上打电话，甚至兴高采烈大声高叫，也不能无精打采地离开。要主动向引导员点头致谢，边点头边说："多谢关照。"有些应聘者对面试官彬彬有礼，走出门却对其他工作人员傲慢无礼。不要忘记，进入招聘单位的瞬间，就要接受所有人的面试，每个人都是我们的面试官。

四、交谈礼仪

交谈的时间一般不会很长，最多不超过半个小时，这却是求职面试中的重头戏，自然得体的应答是取得应聘成功的关键。

（一）面试交谈的阶段

面试交谈主要分为准备阶段、引入阶段、正题阶段、结束阶段。在求职面试前，要熟悉面试的阶段以采取相应的应对策略。

1. 准备阶段

准备阶段主要是以一般性的社交话题进行交谈，例如，考官会问类似"从宿舍到这里远不远""今天天气很好，是吗？"这样的问题，目的是使应聘者能比较自然地进入面

试情景之中,以便消除应聘者紧张的心情,建立一种和谐、友善的面试气氛。应聘者可利用这个机会熟悉面试环境和考官。

2. 引入阶段

社交性的话题结束后,应聘者的情绪逐渐稳定下来,开始进入第二阶段,这个阶段主要围绕其履历情况提出问题,给应聘者一次真正发言的机会。例如,考官会问类似"请用简短的语言介绍一下你自己""在大学期间所学的主要课程有哪些""谈谈你在大学期间最大的收获是什么"等问题。应聘者在面试前就应该对类似的问题进行准备,回答时要有针对性。

3. 正题阶段

进入面谈的实质性正题,主要是从广泛的话题来了解应聘者不同侧面的心理特点、行为特征、能力素质等,因此,提问的范围也较广,主要是为了针对应聘者的特点获取评价信息,提问的方式也各有不同。

4. 结束阶段

考官会以类似"我们的问题都问完了,请问你对我们有没有什么问题要问"这样的话题进入结束阶段。这时应聘者可提出一些自己想提问的问题,可以就被单位录用可能会接受的培训、工作的主要职责等问题进行提问。

(二) 交谈的注意事项

1. 要说普通话

面试交谈过程中应该说普通话,尽量不要用简称、方言、土语和口头语,以免面试官听不懂或产生误解;说话时要注意口齿清晰、语调平和、音量适中,语速以每分钟120字左右为宜。这样的谈话可以更加有效地传递信息,让对方感到舒服,加深考官对自己的印象。

2. 实事求是地介绍自己

"请你介绍一下自己吧!"这是许多考官首先要提出的问题,借此了解和考察应聘者的语言表达能力、应变能力和对岗位的胜任能力;应聘者应该趁此机会主动推荐自己,展示自己的才华和能力。

介绍自己时要突出重点,言简意赅。在介绍个人履历和专业特长时,要注意生动、形象、个性化,力求能够引起考官的注意,使面试的氛围变得轻松活跃;在介绍个人的实践经历和个人业绩时,要突出与应聘职位所需要的相关能力;在介绍自己对应聘职位、行业的看法和理想时,要诚恳地表明对所应聘职务的热爱和对未来发展执着地追求,以期引起考官的感动与赞赏。这种孜孜以求的敬业精神,是任何一个用人单位都迫切需要的。

自我介绍的时间一般不超过5分钟,超过了会令人感到冗长无味,介绍说明力求简洁有力。

3. 恰当得体的应答

应答是面试的核心,面试官可以询问各种问题和采取不同的形式,求职者应该随机应变,给予恰当得体的回答。

首先，要认真倾听。要全神贯注地聆听面试者的讲话，可以适当地做出反应，如眼神、点头、手势与必要的附和等，以表示聆听的诚意。如果能巧妙地插上一两句话，效果则更好，如"是的""对""没错"等，面试的气氛将更加和谐融洽。

其次，要审慎回答。如对方问自己的专长时，要针对所应聘职业的必备条件来回答，对自己的特长和才能既不要夸张，也不应过谦；如对方问自己"有什么优点或不足"，谈优点时要从职业道德、人际关系和团队精神等方面着眼；讲缺点时注意合情合理，有时甚至可以将缺点变成优点，例如，"刚刚毕业，经验不足，需要在今后的实践中探索积累""对自己的要求比较严格"等，以给人留下自信而诚恳的印象。

最后，可适当询问。面试是应聘双方互相了解、相互选择的过程，为了更好地"展现自我"，可以适时提出问题。如对方问"你能为公司做什么"时，若无法马上回答，可先请问对方这份工作的要求是什么，然后再做针对性的回答。在此需要强调的是，提问一定要谨慎，注意礼节和分寸，不要提问太多，不要让考官因回答自己的提问而费力劳神。

【小阅读】

面试禁忌

1. 忌言语跑题

交谈中不抢话头，不要轻易转变话题，不要开玩笑，不要提不合时宜的问题。

2. 忌语无伦次

面试时忌说话缺乏条理、表述逻辑不清、内容回答不全，使考官不知所云。

3. 忌答非所问

不要急于求成，对自己没有听清的问题盲目作答，也不要对自己不知道的问题东拉西扯。

4. 忌提问幼稚

在面试中要考虑所提的问题是否有价值或者已经交流过，不要提出一些很幼稚的问题。

5. 忌举止失当

面试时应与对方保持合适的距离。不要坐立不安，不能做习惯性小动作。

6. 忌握手无力

见面握手是问候的方式之一，不要有气无力地被动握手，这样会给对方一种精力不足、身体虚弱之感。

7. 忌被动回答问题

面试是一种平等的交流，不要把自己想象成被审查的对象。不要底气不足、缺乏自信，不要有太多的思想束缚，不要过于担心面试结果，适当放松自己，有利于正常发挥。

8. 忌言语粗俗

粗俗的语言并不代表豪爽或男子汉气质，面试时是难以让人接受的。与面试官交谈不要声音过大，不能意气用事，不要争论，不要出现不礼貌的言辞。

9. 忌不懂装懂

面试时要与面试官正面交流，理解面试官提出的问题后再做回答，不要似听非听，对没有听清楚的地方可直接要求重复一下，不要不懂装懂。

10. 忌做鬼脸

面试中可以有一些面部表情，但是忌做鬼脸。吐舌头、翻白眼、揪鼻子等表情和动作会给面试官留下行为造作、不成熟、没有礼貌、没有教养的印象。

6.2.3 求职应聘后的礼仪

求职需要善始善终，讲究结束之术。许多求职者只留意应聘面试时的礼仪细节，却忽略了面试后的善后工作，求职应聘后的礼仪也同样值得大家学习和掌握。

一、感谢礼仪

（一）认知反思言行

面试结束时，不论是否被顺利录取、得到梦寐以求的工作机会，或只是得到一个模棱两可的答复，都不能不注意以礼相待，要用平常心对待用人单位。况且许多招聘单位经常是经过多轮面试之后综合评估，最后敲定候选人，竞争相当激烈。

求职者在面试结束后，应该仔细记录整个面试经过。每个面试提问、每个细节都要记载在面试记录手册里。面试成功与否并不是最重要的，最重要的是从上一次面试中分析各种因素，学到经验，下次面试才会更完美。

（二）打电话感谢

求职是一个艰苦漫长的过程，到此并不意味着求职过程的结束。面试后不要忘记对招聘方感谢。为了增加招聘方对自己的印象，增加求职成功的可能性，面试后的两天内，最好向招聘人员打电话表示感谢。电话感谢要简短，最好不要超过5分钟，一是打电话可能干扰别人的工作；二是如果招聘方感觉不便回答可能会陷入尴尬；三是会显得自己太着急。电话里不要询问面试结果，因为这个电话仅仅是为了表现自己的礼貌和让对方加深对自己的印象而已。

（三）以感谢信致谢

面试官对求职者的记忆是短暂的，感谢信是自己最后的机会。用感谢信使面试"锦上添花"，它能使自己显得与其他求职者有所不同。面试感谢信包括电子邮件和书面感谢信。如果平时是通过电子邮件的途径和招聘方联系的话，那么在面试结束后，发一封电子感谢信，既方便又得体。

但在大多数情况下还是应写书面感谢信，特别是在面试的单位非常传统的情况下，更应如此。书面感谢信最好用白色的 A4 纸，字的颜色要求是黑色，内容要简洁，最好不要超过一页纸,在书写方式上有手写和打印两种。打印出来的感谢信较为标准化,但有时难免给人留下千篇一律的印象。如果想与众不同,或是想对某位给予自己特别帮助的面试官表示感谢,手写则是最好的方式。这个前提是自己的字写得比较正规且容易辨认。

感谢信必须是写给某位具体负责人的,自己应该知道他的姓名,不要写"负责人""部门负责人"等之类的模糊收件人。感谢信的开头应提及自己的姓名、简单情况以及面试的时间,并对面试官表示感谢。中间部分要重申自己对该单位、该职位的兴趣,或增加一些对求职成功有用的新内容。结尾可以表示自己对能得到这份工作的迫切心情以及为单位的发展壮大做贡献的决心。

如果觉得自己发挥得不好,可以在给招聘单位的感谢信中说明一下增加发挥不好的原因,是生病了还是受了别的什么干扰。但不必特意大写特写,这样反而加深了别人对你面试发挥不佳的印象。

面试后表示感谢是十分重要的,因为这不仅是礼貌之举,也会使面试官在做决定之时有印象。据调查,十个求职者往往有九个人不写感谢信,如果没有忽略这个环节,则显得"鹤立鸡群",格外突出,或许会使对方改变初衷。

【求职感谢信范文】

求职感谢信

尊敬的×××公司领导:

您好!

我是×××,是2017年4月11日59位面试者中来自××学校的××专业的应届毕业生。

感谢达利公司给了我一个面试的机会。这次面试,从各方面使我开阔了视野,增长了见识,给我带来全方面不同的改进,相信您对我各方面综合能力的肯定,一定能增强我的竞争优势,让我在求职的路上更加坚定自己的信心。感谢公司对我的关爱,感谢公司给我的这次毕生难忘的经历!

无论这次我是否能被公司录用,我更坚信——选择达利公司是明智之举。无论今后我会在哪个单位上班,我都将尽心尽责做一位具有强烈责任感、与单位荣辱与共的员工;一位扎根于单位、立志为社会创造最大价值的攀登者;一位积极进取、脚踏实地而又极具创新意识的新型人才。

大千世界,芸芸众生,如我者甚众,胜我者恒多。虽然我现在还很平凡,但勤奋进取永不服输。如蒙不弃,惠于录用,必将竭尽才智,为公司鞠躬尽瘁!

感谢的同时,祝贵单位事业蒸蒸日上,一帆风顺!

此致

敬礼!

×××
2017年4月18日

二、询问礼仪

（一）认知耐心等候

面试结束后，每个人最想知道的就是自己是否被列在被录取的名单中，但在一般情况下，面试官在面试结束后，都要进行讨论、评估和汇总，最后确定录用人选。所以，求职者可能要等3~5天。在这段时间内一定要耐心等候消息，不要过早打听面试结果。

（二）掌握询问方式

一般来说，如果在面试两周后或面试官许诺的时间到了，还没有收到对方的答复，就应该写信或打电话给招聘单位，询问是否已有了结果。一是提醒招聘方，表示自己对这个单位很感兴趣。二是在面试官难以做出判断时，自己的信件可能为自己增加入选的机会。三是有经验的面试官不会在面试时把自己面试失败的信息表露出来，所以很可能自己没机会当面问他。但是如果求职者在信中以很客气的口吻问："您觉得我适合做什么样的工作？"一般都会有一个客观的答复，如果几个面试官都答复自己同样的结果，那自己就要考虑按他们说的修改求职方向和简历了。

（三）认知保持联系

即使未被录用，最好能与面试官保持联系，这也是建立职业关系网的一个重要组成部分。如果没有得到这份工作，我们或许可以交个朋友，给自己留一个机会。

【小阅读】

三大面试失败案例

失败乃成功之母，现在让我们来看看三大面试失败案例，它们或者能对正在找工作的人有所帮助。

案例一：说错一句话我失掉第一局
求职者：小七，女，24岁　专业：会计

那时我接到了一家知名的高薪企业的面试通知。这让我既高兴又紧张，因为我从来没有面试的经验。我在图书馆里泡了好几个晚上，看《面试轻松过关》《面试宝典》之类的书，看得头昏脑涨。

真正面试的那一天终于来到了。我走进考场后才发觉，与我一同面试的其他五个人都是男生。考场是一个很小的会议室，中间是一张圆桌。考官坐在圆桌一边，我们几个人坐在另外一边。服务员拿来六杯水，其他几个男生直接拿起自己面前的水杯就开始喝。我一转念，不对啊，几个考官都还没有水喝呢，我们怎么可以抢先呢？于是很有礼貌地把杯子递给离我最近的一个考官。

"还是女孩子心细啊。"坐在中间的一位考官说，另几个正在喝水的男生立刻窘住了，面面相觑。我暗暗自得，不忘对考官们露出谦逊的微笑。

几位考官介绍了公司运营方面的具体情况，也聊了聊我们的专业和对公司的想法。

由于刚才的"喝水事件",另外几个男生都比较拘谨,反倒是我和考官们谈笑自如。这时,坐在正中央的主考官突然问了我一个意想不到的问题:"你的简历上写着会跳舞,你会跳哪种舞呢?"我立刻懵了。小时候我的确学过一点舞蹈,后来就没再进行过舞蹈训练。要是说实话,多丢面子啊。于是我就扯个谎说会跳新疆舞,说完之后就觉得脸有些发热。谁知考官要求我随便摆个姿势看看。我窘极了,从头到脚都无所适从,只好站起来原地转了个圈。

好不容易面试结束,考官们走出会议室讨论了一下,把我叫了出去。

"根据你的性格特点,我们想把你安排在外事部门,不过户口方面可能还需要再争取。"

听到这句话,我愣住了:"你们不是答应可以解决吗?"后半句被我吞进了肚子,我的感觉越来越不妙。要是户口解决不了,我也许根本就不会来应聘……我左思右想,轻轻咬着下唇说:"要不,我跟我爸妈商量一下。"

主考官也突然愣了一下,我马上意识到,自己似乎说错了什么。

"好吧。"他微笑着说,"不过要记得,以后你参加面试的时候,不要说'和爸爸妈妈商量'的话,因为这样会显得你没有主见,明白吗?"

我抬头看了看他的眼睛,他眼里满是真诚。我意识到,我错失这个机会了。

案例二:把小动作留在面试场外
李娜,女,24岁　专业:法律本科　面试岗位:文秘

都说现在工作难找,招聘信息铺天盖地,好岗位却是大海捞针,所以我一开始就把目标定得很低,没想到这也会失败。大学读的是法律,又有两年医药工作的经验,应该说我的资本还是有一点的,去应聘一个文秘的岗位,总觉得是十拿九稳的事情,也就没把别的竞争者放在心上。

面试当天我把自己的简历熟悉了一遍,也没怎么准备就去了。到了现场一看,已经有几个应聘者在了,看样子都经过一番细心打扮,一个个嘴里念念有词,显然是在温习。看他们那个认真劲儿,我有了竞争的真实感。面试官有两位,看上去都非常严肃,被他们眼睛一盯,我就慌了神,头不由自主地低了下去,事先准备的说辞全忘了,脑子里一片空白。这时比较年长的面试官让我做自我介绍,我几乎把自己的简历记得的都背了一遍,语调就像一根直线,声音也发虚,手又习惯性地去摸头发,一说完我就知道,这回完了。

另一个面试官问我,应聘这个岗位的优势在哪里。这本来是个好机会,只要我把自己的特长、经验说清楚,胜出的概率还是很大的。可偏偏一紧张,平时的那些小动作全出来了,一会儿摸摸头发、一会儿摸摸耳朵,擦鼻子……我都不知道手该往哪儿摆,两位面试官看着我直皱眉头,问了两个问题就叫我出去了。

案例三:要给别人说话的机会
叶挺,男,25岁　专业:国际贸易　应聘岗位:营销企划

有一句话说:把自己当成珍珠,时时害怕被埋没的痛苦。我想我就是那种把自己当成珍珠的人。毕业快一年了,简历投了不知道多少,可到现在工作还在天上飞着呢。昨天一个朋友好好给我上了一课,说我太爱表现,太咄咄逼人,虽然当他面我没承认,不过自己想想确实是那么回事。

不久前我去一家知名公司应聘，这是我经历的最正规的一场招聘，据说投简历的有数百人，最后跟我一起杀进面试的有30多人。虽然处在高手云集的环境当中，但这么一路过五关斩六将，我自我感觉非常良好，这份工作我是志在必得。

不知道是过于自信，还是过于紧张，面试的当天我居然睡过了头，幸好我排在中间偏后的位置。可是迟到毕竟影响了状态，还没轮到我呢，自己就紧张起来了。

当时我们被分成三人一组回答面试官的问题，而且为了避免泄露考题，面试的人进去了以后就不能出来。当我走进面试的会议室，里面已经站满了人，而且看上去都很自信，我觉得要脱颖而出必须表现得更积极。所以在回答问题的时候，我总是抢在别人前面，比别人多说两句。

我记得很清楚，当时面试官问："如果你的同事中有那种不那么好沟通的人，你怎么办？"别人还没有说话，我就抢着回答："最重要的是工作，每个人都有自己的个性，不需要去勉强。"整个面试下来，有2/3的问题都是我回答的，而且越说越顺根本忘了要收敛，看得出来另外两个组员不太高兴，但是我想面试本来就是表现自己的机会，就没在意。

结果一个星期后我收到通知，被客气地告知不需要参加复试了。因为公司觉得我不注重团体合作精神，太急于表现自己，不是他们需要的人才。

（资料来源：http://www.0755rc.com/HTML/2007/7/1183424924890.html）

第7章 商务活动礼仪

7.1 会务会议礼仪

【引导案例】

小陈是刚毕业不久的年轻大学生。进入公司之后,他所处理的很大一部分工作是会议组织事务,可这一事务却成为他最大的一个烦恼。由于公司领导众多,会议也多,时间和场地总是会出现冲突,再加上没有会议主持人进行管理,总是产生议程混乱、议而不决、冗长低效的情况。领导多次批评他,让小陈感到很委屈。

问题:

会务会议礼仪有哪些知识点?

会务会议礼仪包括在召开会议前的准备工作,会议中、会议后及参会人应注意的事项,以及各种会议约定俗成的程序和仪式等多项内容。遵循会务会议礼仪对会议的召开和对会议精神的执行有较大的促进作用。会务会议礼仪具体内容有会务安排礼仪、参会者礼仪、常用会议仪式及程序。

在商务活动中,各种商务会议随着社会经济的发展而更频繁,重视会务会议礼仪已日显重要。会务工作是为会议取得预期效果,能够顺利召开、进行、闭幕而所做的准备工作。会务工作越详尽,所尽会务礼仪越周全。

7.1.1 会务安排礼仪

一、会议之前

(1)明确主题。在开会之前,必须明确会议主题和目的。确定会议主题才能明确希望通过本次会议得到什么结果,并为得到该结果而展开工作。负责筹备会议的工作人员,则应围绕会议主题,将领导议定的会议的规模、时间、议程等进行组织安排并落实。

(2)明确分工。组成会务组,明确分工,将具体工作事项责任到人。确认会务组主要负责人，专门负责，全面主持工作，联络各责任人，协调各方面关系等。

（3）确定与会人数及会议规模。在会议召开之前，根据会议目的统筹人数，确定与会人员名单或范围。与会人数应科学制定。研究表明，根据会议性质，各种会议类型有其相应的人数效应。决议性会议为3～5人；解决问题的会议要少于5人；调查问题性会议要不少于5人不多于10人；工作汇报或成绩展示性会议少于30人；动员性会议要越多越好。合理的人数才能产生理想的会议效果。避免出现该邀请的没有邀请，不该出席的多余出席了的错误局面。出现这种局面，对于两方面都是失礼的。

（4）由会务组拟好并送达通知或邀请函。通知或邀请函写明会议标题、主题、会期、出席对象、报到时间、报到地点以及与会要求七项要点。拟写会议通知或邀请函时，应保证其完整而规范。及时下发会议通知，应保证其及时送达，不得耽搁延误。

（5）选择会议场所。根据会议性质和规模确定会议的场所。不同等级、不同规模、不同性质的会议，所设场所各有不同要求。动员性会议人数多，场地要比较大，场面热烈宏大些为好；决议性会议则应有相应的保密需要，场所应选在比较安静，空间不是很大的会议室等地。

（6）会场的布置。开会时所需的各种音响、照明、投影、摄像、摄影、录音、空调、通风设备和多媒体设备等，应提前进行调试检查。悬挂标语、横幅等应有的装饰物要准备齐全，设置路牌、路标，张贴海报，摆放鲜花、旗帜等。不宜堆砌过多，适当装点。

（7）安排座次，安放主席台或主宾席位。主席台上以一号人物为主依序排列，按照礼仪次序原则排座。还应安排主持人和发言人席位。

（8）大型会议要安排好进退场的时间和路线，安排引导员做相应的引导和现场指挥。

（9）与外界安保部门沟通，确保会议各方面安全。

（10）文件的起草。会议上所用的各种文件材料，一般应在会前准备妥当。主要有会议的议程、开幕词、闭幕词、主题报告、大会决议、典型材料、背景介绍等。有的文件应在与会者报到时就要下发。

（11）会议用品的采办。必须准备会议用品，如纸张、本册、笔具、文件夹、姓名卡、座位签，以及饮料、声像用具、纪念品等，都应专门采办，如有必要还需在用品上印制上会议标志及会议标语等。

二、会议期间

（1）例行服务。会议举行期间，一般应安排专人在会场内外负责迎送、引导、陪同与会人员。对与会的贵宾以及老、弱、病、残、孕者，少数民族人士、宗教界人士、港澳台同胞、海外华人和外国人，往往还须进行重点照顾。会场内专人负责设施管理，呈递物品，打扫卫生等。对于与会者的正当要求，应有求必应。

（2）会议签到。为掌握到会人数，严肃会议纪律，凡大型会议或重要会议，通常要求与会者在入场时签名报到。负责此项工作的人员，应及时向会议的负责人进行通报。

（3）餐饮安排。举行较长时间的会议，一般会为与会者安排会间的工作餐。与此同时，还应为与会者提供卫生可口的饮料。会上所提供的饮料，最好便于与会者自助饮用，不提倡为其频频斟茶续水。那样做往往既不卫生、安全，又有可能妨碍对方。如果必要，还应为外来的与会者在住宿、交通方面提供力所能及、符合规定的方便条件。

（4）现场记录。凡重要会议，均应进行现场记录，其具体方式有笔记、录入、录音、录像等。可单独选用某一种，也可交叉使用。负责手写笔记会议记录时，对会议名称、出席人数、时间地点、发言内容、讨论事项、临时动议、表决选举等基本内容要力求做到完整、准确、清晰。

（5）编写简报。有些重要会议，往往在会议期间要编写会议简报。编写会议简报的基本要求是快、准、简。快，是要求其讲究时效；准，是要求其准确无误；简，则是要求文字精练。

（6）会间服务。有些会议时间较长，为丰富与会者的生活，可以在晚间或无会议的下午安排茶会或文娱活动。还应提供相应的医疗卫生、安全保卫、便民咨询等服务。

三、会议结束

（1）形成文件。根据工作需要与有关保密制度的规定，在会议结束后应对与其有关的一切图文、声像材料进行细致的收集、整理工作。会议决议、会议纪要等文件一般要求尽快形成，会议一结束就要下发或公布。

（2）发放纪念品或组织摄影留念。分发商务往来通讯录以及其他宣传资料。

（3）组织参观、个别洽谈或合同签单等商务往来活动。很多的商务会议都是以促进商务往来，加强业务联系，拓展商业营销为目的的。会议结束后会催生很多的商业机会。抓住这个机会对主办方和与会者都很重要。

（4）协助返程。大型会议结束后，其主办单位一般应为外来的与会者提供一切返程的便利。若有必要，应主动为对方联络、提供交通工具，或是替对方订购、确认返程的机票、船票、车票。当团队与会者或与会的特殊人士离开本地时，还可安排专人为其送行，并帮助其托运行李。

7.1.2 与会者礼仪

商务会议要取得良好的会议效果，不仅会议组织者要讲究会务礼仪，会议的参与者和工作者也都要符合相应的礼仪规范。

（1）带通知或邀请函，准时抵达会场，按照会场的指定座位或区域落座。不要抢坐前排，或退居后排，座席留出大片空白，似乎刻意给会议主人难堪。

（2）主席台就座人员要按规定入座，注意仪态，认真听取真言，不可擅自离席。

（3）出席正式会议和宴请，要穿正装，男士是深色西服、衬衣、领带。女士的衣服最好为正装或礼服类。女士服饰要和会议性质相吻合，符合会场气氛。

（4）正式会议开始以后，应避免频繁进出会场，或在场内随意走动。

（5）不在会场、走道、餐厅内大声喧哗，不在会场内大声接听电话。

（6）会议期间，将手机调成安静状态，并尽量避免接听和通话。如实在有必要接打电话应离开会场。

（7）无论在主席台还是在台下，要注意仪态，坐姿要端正。不可靠在椅子上打瞌睡或有其他不雅姿态。

（8）注视台上发言人，做好会议记录，不和其他与会者交头接耳，不做其他与会议无关的事情。和发言人做及时交流，该鼓掌时给予热烈掌声。

（9）发现错误应以妥善方式与发言人或主办方交流，不可有起哄、喝倒彩或其他无礼行为影响会议正常进行。

7.1.3　会议发言者礼仪

商务会议发言有正式发言和自由发言两种。正式发言者，衣冠整齐，走上主席台步态自然，体现自信自强的风度与气质。发言时应口齿清晰，主题明确，简明扼要。如果是书面发言，要时常环顾一下会场，不能闷头读稿，旁若无人。发言完毕，应向听众的倾听表示谢意。自由发言则较随意，但要注意，要讲究顺序和秩序，不能争抢发言；发言音量适中，观点明确；如他人有分歧，应以理服人，态度平和，不能大吵大闹。不管是正式发言还是自由发言，如果有与会者对发言人提问，都应礼貌作答，对不能回答的问题，应机智而礼貌地应对；对提问人的批评和意见应认真听取，即使提问者的批评是错误的，也不应失礼失态。发言都应简短，不可啰嗦和占用他人时间。

【小阅读】

会议服务之茶水礼仪细节

（1）会议开始之前要检查各个茶杯的杯子花纹是否一样；

（2）茶水的温度不能过烫，以80摄氏度最好；

（3）尽量保证每一杯茶的浓度一样；

（4）先给坐在上座的重要宾客倒茶，然后按照顺序给其他宾客倒茶；

（5）及时为客人添茶，不能让其空杯。

（资料来源：http://sj.kankanmi.com/news/wwe/018877.html）

7.2　商务接待礼仪

【引导案例】

小李是公司的一名职员，专门负责接待客户工作。在一次客户来访时，因为没有安排好客户的接待工作，使客户觉得受到了冷落，致合客户对其进行了投诉。本应该和客户签订的合同，也没有及时签订，给公司造成了不少的损失。小李因此受到了公司领导的批评。

问题：

如何做好接待工作？

接待是指迎接招待，而商务接待是指在从事商务交往活动当中的迎接招待等工作。商务接待工作单位或个人以主人的身份来招待相关的人员，以达到促进商务交往的目的，而接待工作包括从衣食住行送等多个方面。

一、接待的原则

无论是单位或个人在接待来访者时，都应热情迎接、以礼相待。在接待的过程中更要真诚、礼貌、平等待人，让来访的客人能乘兴而来，满意而归。

（1）热情迎接。当知道客人到达时，应该主动迎接，见面时要向对方问好。如果对方到来时，自己不能够亲自迎接，也要安排合适的人代表迎接，以表示自己对来访者的尊重和诚意。

（2）以礼相待。对于来访者，一定要做到谨慎、热情和周到，耐心倾听来访者的意见，热情地为他们提供咨询，对于来访者所提出的要求，无论是接受、商榷还是拒绝，都应保持良好的态度和礼仪。

二、接待规格

根据来访者的身份，确定接待的规格。接待规格是从陪同领导的角度而言。接待规格过高，影响领导正常工作；接待规格过低，影响上下级关系。因此应把接待分为如下三种：

（1）高规格接待：即主要接待者比来访者职位要高的接待。如上级单位派员来了解情况、传送信息，应高规格接待。

（2）低规格接待：即主要接待者比来访者职位要低的接待。如上级领导部门到基层视察工作，只能低规格接待。

（3）一般规格接待：即主要接待者与来访者职位对等的接待。如公司部门经理接待另一公司部门主管。这种接待规格是商务接待中最常用的接待规格。

7.2.1　接待前的准备

一、掌握前期信息收集

清楚了解来宾的基本情况，包括所在单位、姓名、性别、职务、级别一行人数，以及到达日期和方式。填报请示报告卡片，并根据对方意图和实际情况，拟出接待计划和日程安排初步意见，将来宾情况和目的一并报请领导批示。

二、掌握商务接待准备

1. 接待准备之着装

从古至今，人们都把仪表整洁与否与尊重客人的程度联系起来。接待者应根据实际的出席场合、出席的目的、出席的时间来选择搭配自己的服饰。并保持整洁大方、清新自然的容貌，适当地给予修饰。

2. 接待准备之饮食

饮食的准备包括水果、点心、茶水这几个方面。

客人到达之前备好水果、点心，这些食品应保证新鲜，不宜过早准备。安排茶水、饮食时，充分考虑到客人的地域习惯、民族习惯、饮食喜好。

3. 接待准备之住宿

住宿要提前预订，住宿安排要根据客人的身份、人数、性别、年龄、身体状况、生活习惯和工作需要来酌情安排，选择宾馆要根据接待经费预算、宾馆实际接待能力、口碑与服务质量、周边环境、交通状况、安全条件等因素来考虑。

在条件允许的情况下，应安排每人一个房间。不宜私自安排单身男女之间、上下级之间同住一个房间。

4. 接待准备之交通

客人的用车、行程的安排、出行的路线都应做出明细的计划。

5. 接待准备之材料准备

客人的到访，必然伴有一定的拜访目的，应将可能需要的相关书面材料如公司介绍、建议书、合同文本、报价单等提前准备，并安排会议记录人员。

6. 接待准备之交谈

与客人交谈时，表情要自然，语气要亲切，表达要得体。

交谈的内容一般不涉及疾病、死亡等不愉快的话题，更不要询问对方的健康状况、婚姻状况、工资收入等私人生活方面的问题。

7. 接待准备之赠送

为客人准备礼物时，可以优先考虑本地的特产或特色，应挑选一些富有纪念意义又便于携带的礼品。

7.2.2 商务接待礼仪

一、迎接礼仪

做好接待前的各种准备工作后，等待客人的到来，接待工作便从迎接客人的第一步开始了：

（1）根据客人的实际情况，特别是高规格接待，外地客人应到车站、飞机场、码头居所等地做接车准备。同时还要准备接客牌，字迹要清晰，方便客人辨认。本地客人，应主动派车派人前往客人居所迎接。

（2）"出迎三步，身送七步"是我国迎接客人的传统风俗。客人到达时，接待者应快步迎接上去，先与客人握手。如果客人较多的情况下不能一一握手，也应微笑点头表示欢迎，并亲切地说出欢迎。

（3）如客人手上有重物，在客人允许的情况下应主动接过。

(4) 对长者或身体不好的客人应上前主动搀扶。对小辈，特别是孩子，也应特别关照。

(5) 接受客人带来的礼物时，应显得落落大方、双手接过，并表示感谢。

二、客户接待礼仪

(一) 接待的基本原则

在接待过程中，为了表示对客户的尊重，也为了显现自己的个人素质与风度，要注意做到："主随客便、宾至如归"。具体来说，待客时要注意以下五个原则。

1. 热情原则

要使客户感到"宾至如归"，最重要的一点就是要热情诚恳，要使客户感到"情暖三冬雪"，只有善待天下客人，做到热情诚恳、一视同仁，才能赢得客人的心。

2. 讲究礼仪

礼仪贯穿于我们生活、工作的方方面面，在接待的工作中当然也不例外。在接待工作中的礼仪要注意做到：仪表——面容清洁，衣着得体，和蔼可亲；举止——稳重端庄，风度自然，从容大方；言语——声音适度，语气温和，礼貌文雅。

3. 周到细致

(1) 接到任务，不能慌张，应弄清楚情况，确认对方姓名、头衔和来意并做出适当的处理。

(2) 拟定出完整的接待方案，并报请领导审批。

(3) 对接待准备工作反复核查。

(4) 为避免因来宾情况有变而引起的工作忙乱，在来宾到来之前，要与来宾联系核对一次。

4. 按章办事

俗话说："无规矩，不成方圆"，接待工作也要讲究按章办事，不能乱来一气。例如，事后要建立访客资料、并归档；不得擅离接待岗位；重要问题要请示；对职责范围以外的事项不可随意表态；不准向客人索要礼品，对方主动赠送，应婉言谢绝；根据不同国家、民俗区别接待客人。

5. 注意保密

在接待过程中，我们不免会知道一些工作秘密，甚至是客人的隐私，这就要求接待人员要注重自己的工作原则，做好保密工作。保密工作主要靠两方面，一是言，二是行。言，即指不乱说；行，即指不乱做。只有保证言行一致，都不出问题，才能真正地保守秘密。

(二) 接待具体要求

1. 接待"有声"

来有迎声：当客人向自己走来时，要主动微笑致意，问好。有的人则认为不认识的人就不用招呼，这是非常不礼貌的。

问有答声：对客人的问题，有问必答，不怕麻烦。

去有送声：善始善终，当客人告辞的时候要道别，并表示欢迎其再次来访。

2. 文明"五语"

问候语：您好。要养成习惯成自然，不管对自己人还是外人，张嘴先说"您好"。如果是训练有素的人，还要使用时效性问候，就是加上具体时间如"上午好""下午好""晚上好"。

请求语：请。需要别人帮助、理解自己、支持、配合，要先说个"请"字。

感谢语：谢谢。别人帮助自己、理解自己要说声"谢谢"，特别是那些收费性服务的岗位，更要说"谢谢"。

抱歉语：对不起。怠慢了别人、伤害了别人、为别人添了麻烦，要说声"抱歉"或"对不起"，这是一种教养。

道别语：再见。送别、与人道别要说"再见"。

3. 热情"有到"

眼到：目中有人。比如一个服务性岗位，员工都很有礼貌，"欢迎光临""您好""谢谢""欢迎再来"等礼貌用语不绝于耳，但是目光却始终不看顾客的话，给顾客的感觉肯定不会好。

口到：说话要懂得因人而异。礼貌用语用错或用的不到位，肯定不好。

意到：心意到。礼节做到心意到，即表情自然、热情、互动、大方。

【小阅读】

接待外商参观礼仪

（1）真实介绍；
（2）不耽误工作；
（3）陪同人数适当；
（4）注意接待技巧；
（5）积极自我宣传。

（资料来源：全国商科教育"十二五"规划教材《商务礼仪》）

7.3 商务拜访礼仪

【引导案例】

在一间公司办公室里，大家都在忙碌地工作着，突然进来一位年轻人。他手里拿着一些类似广告的文件。走到一位办公人员面前，说道："您好，我是××公司的业务员，我们公司出了一款新产品，您看看我们的宣传资料吧？"说完，就把资料往办公桌上放。他不停地介绍他的产品，工作人员只能打断他，把他请了出去。

问题：

商务拜访应注意哪些方面？

一、商务拜访的内涵

商务拜访是指个人或单位代表以客人的身份,有针对性、目的性地前去拜访其他的单位、部门或个人,就有关事项与相关人员进行探讨或磋商的一种社会交往形式,其具有一定的规范性、约束性和差异性。

二、商务拜访的作用

1. 深入了解,提高工作效率

在商务拜访中,无论是有求于人,还是人求于己,拜访都是人们增进感情的不可或缺的手段之一,也为双方进一步了解,扩大信息量,开阔视野,搭建了良好的平台。

2. 促进沟通,增进感情

拜访是面对面的交往形式,通过双方的交往与互动,可以使双方将各自的想法、观点、细节等问题当面沟通,通过协商达与共识,从而更有效地沟通,提高工作效率,促成商业合作。

3. 人际关系的润滑剂

商务拜访活动,既促进了双方的商务往来,又拉近了人们之间的距离,增加相互了解与信任,达到良性互动、和谐的人际关系。

4. 塑造良好形象的途径

在商务拜访活动中,一个人的仪容仪表、举止谈吐会作为一种潜在的信息传达给对方,从而易于使拜访对象产生认同感,为日后的商务交往留下良好印象。

三、商务拜访的基本类型和原则

1. 商务拜访的类型

商务拜访根据其目的、性质可分为事务性拜访、礼节性拜访和私人拜访。

2. 商务拜访的基本原则

互相尊重原则:在商务拜访中,以尊重对方的要求为前提,在合理的情况下满足对方的意愿,客随主便。

言行适度原则:在商务拜访中,任何举动都要适度,量力而行。过度的关心只会带来多余的麻烦,不要影响他人的正常生活秩序。

诚实真挚原则:在商务拜访中,务必诚实真挚、言行一致、表里如一,方能被交往对象所理解和接受。

入乡随俗原则:在商务拜访中,客人应在不有损本国国家、民族、个人的尊严前提下,遵守主人所在地的礼仪规范,以得到主人与其家人、宾朋的认同、赞赏和欢迎。

四、商务拜访的基本礼仪

1. 预约与守约

拜访前应事先与拜访对方约定好拜访时间、地点,说明拜访的目的。切勿未经约定便不邀而至。拜访应当避开节假日、用餐时间、过早或过晚的时间及其他一切对方可能不方便的时间。

预约后要守时。守时既是对拜访对象的尊重，也是讲究个人信用、提高办事效率的表现。准时赴约需要把握好赴约的时间，既不能到得太早，也不能迟到。如果是工作面谈，一般提前3~5分钟为宜；如果去别人家里做客，或者是参加宴会，晚到5分钟是比较恰当的。

如果因故不能准时抵达，务必及时通知对方，或者与对方协商改期约会，同时要郑重向对方道歉。

2. 通报与转达

公务拜访，到达单位后，首先应告知接待人员，介绍自己代表哪家公司、自己是谁、自己要拜访的对象，然后请其转达、通报。如果接待者不能马上接待，千万不要显示出不耐烦的样子，而要安静耐心等待。等候时，不要看无关的资料或在纸上图画。接待者奉茶时，要表示谢意。假如遇到受访者实在脱不开身的情况，可另约时间，并留下自己的名片，请接待者转交。拜访时，如果提前到达，切记不要在拜访公司里面东张西望、随意走动，甚至乱翻别人的东西，这是非常失礼的行为。私人拜访，在到达对方府第后，也不可随意进入私人空间，应在主人的接见室内等候。有抽烟习惯的人，还要留意该场所是否禁止吸烟。如果是雨天，不要将雨具带入室内。

3. 拜访礼节

拜访强调"客随主便"，切忌不拘小节，失礼失仪。来到被访者办公室外，在进门前要先轻敲门或按门铃。即使门是开着的，也要站在门口轻轻敲门，获得允许后方能进入。

敲门时，用食指和中指的第二关节，连敲三次，一般最多敲三遍。听到"请进"后方可进入。

在进入被访者的办公室后要主动和对方打招呼问好，若房间内有多人，应按照礼仪、惯例先后向对方问候与行礼，标准的做法有：先尊后卑，由近至远。如果被访者不主动介绍，不要主动询问别人和被访者的关系以及来访的原因等。

4. 拜访谈话礼仪

在交谈中，可以说些客套话或谦辞敬语和简单的问候语，如："久仰""久违""打扰了""您最近工作忙吗？""您身体可好？"等。简单地寒暄后，再切入正题，如："我这次是想了解一下，关于为贵公司提供服务一事您考虑得怎么样？"要慎择话题，切勿信口开河，出言无忌。

商谈时，需要注意以下四点：

一是注意称呼，用字、用句、语速、语调、语气等。

二是简明扼要，商谈开始时要开门见山，不要海阔天空，浪费时间。

三是注意时机，观察拜访对象的举止表情，适可而止。当拜访对象有不耐烦的表情时，应及时转换话题或语气。尤其是与异性交谈时，更要讲究分寸。

四是不要心有旁骛，商谈的过程中，手机应调为振动或静音，无紧急事情不要接打电话。

5. 拜访告辞礼仪

在拜访他人时，要有时间概念。注意在拜访对象办公室或私人居所里停留的时间不要过长，以免打乱对方的既定安排。一般来说，礼节性的拜访，时间在15～30分钟。一些重要的拜访，由双方事先议定拜访的时间的长度，并要严守约定，绝不能单方面延长拜访时间。

正确判断受访对象有结束会见的意思，拜访者应适可而止：
（1）双方话不投机，被访者反应冷淡，表现出厌客之意。
（2）被访者站起身来，总结你们的谈话，并说出以后可以再继续交流的话。
（3）被访者显得很"认真"，但反复看手表或时钟。
（4）有其他重要的客户来访。
（5）被访者接到重要电话。

拜访起身告辞时，和拜访对象握手，并感谢其接待。步履轻缓，若房间门原是关闭的，出门后轻轻把门关上。拜访对象如要表示挽留或相送，应向对方道谢，并礼貌地请其留步。

起身告辞时，如果还有其他客人，即使和这些客人不熟悉，也要遵守"前客让后客"的原则，礼貌地向他们打招呼。

五、拜访礼仪不可忽视的细节

细节决定成败，许多微小的细节礼仪通常会被忽视。最容易被忽视的细节往往要重视：
（1）拜访前要对自己的仪容仪表进行精心的准备。衣服要整洁，给拜访对象留下良好的印象。
（2）如果是重要约会，拜访后拜访者应撰写致谢函以感谢受访者，增加对方好感。
（3）如果是重要客户，拜访者应在拜访时关闭手机或其他通信设备。
（4）名片是商务身份的代表，所以在拜访之前，要准备并检查自己的名片，将其放在合适的位置。
（5）拜访前在必要的情况下，书面材料应提前准备。诸如公司介绍、产品介绍、建议书、报价单等。

【小阅读】

拜访客户的黄金定律

（1）开门见山，直述来意；
（2）突出自我，赢得注目；
（3）察言观色，投其所好；
（4）明辨身份，找准对象；
（5）宣传优势，诱之以利；
（6）以点带面，各个击破；
（7）端正心态，永不言败。

（资料来源：全国商科教育"十二五"规划教材《商务礼仪》）

7.4 庆典礼仪

【引导案例】

某大型超市于××××年××月××日，吉时隆重开业。开业当天，超市上空彩球高悬，四周彩旗飘扬，超市门前布置得鲜艳夺目，摆放了很多的鲜花、花篮。开业典礼由专门的礼仪公司承办、专业司仪主持。开业当天，所有到场客人均有礼品相赠，所有商品一律八折优惠，开业典礼举办得非常成功！

问题：

各种庆典活动在现实社会中有什么意义？

庆典，是各种庆祝仪式的统称。在商务活动中，商务人员参加庆祝仪式的机会是很多的，既有可能奉命为本单位组织庆祝仪式，也有可能应邀去出席外单位的庆祝仪式。

一、庆典的种类

庆典活动的种类很多。有为纪念某一节日、纪念日而举行的，有为庆祝某一成就、某一荣誉而举行的，有为庆祝组织机构的成立而召开的，更多的是为一个工程、项目的动工、竣工、开业、结业而举行的。庆典活动一般是举行典礼或仪式。

常见的典礼举例如下：

(1) 节庆典礼。节庆典礼是指围绕重大节日和纪念日举行的庆祝活动。一类是传统的公共节日，如国庆、元旦、春节、建军节、妇女节、青年节、圣诞节等；另一类是一些纪念日，如企业成立周年纪念日。这类庆典活动一般是定时举行，通常结合当前的中心任务组织。

(2) 庆功典礼。庆功典礼是指根据单位或成员获得某项荣誉，取得某些重大成就、重大业绩、重大进展而举行的庆祝活动。如某市荣获"全国卫生城市称号"、某企业荣获"建设部评定装饰施工一级和设计甲级企业"、某轿车厂"第100万辆轿车下线"、某电视机厂"超大屏幕彩色电视机开发研制成功"等。

(3) 开业典礼。开业典礼是指单位机构成立创建、企业开始正式营业时隆重举行的庆祝仪式。这类典礼的目的是扩大宣传，树立组织机构的形象。

(4) 奠基典礼。奠基典礼是指重大工程项目如楼宇、道路、桥梁、河道、水库、电站、码头、车站等建设项目正式开工时，举行破土动工的仪式。这类庆典起庆祝性、纪念性作用。

(5) 竣工典礼。竣工典礼是指某一工程项目建成完工时举行的庆贺性仪式。包括建筑物落成、安装完工、重大产品成功生产等。这类典礼一般在竣工现场举行。

(6) 通车典礼。通车典礼是指重大交通建筑如公路、铁路、地铁、桥梁、隧道等，在正式交付使用前举行的庆祝活动。

(7) 通航典礼。通航典礼又称首航仪式，是指飞机、轮船正式开通一条新航线时举行的庆祝活动。

二、庆典的礼仪安排

1. 制订庆典活动方案

每一个庆典活动，必须制订一个活动方案，包括典礼的名称、规格规模、邀请范围、时间地点、典礼形式、基本程序、主持人、筹备工作、经费安排等。

2. 确定参加活动的对象

庆典活动要精心选择参加的对象，发出邀请，确定来宾。庆典活动应邀请与组织有关的政府领导、行政上级、知名人士、社区公众代表、同行组织代表、组织内部员工和新闻记者等前来参加。公关人员应选好对象，提前发出邀请，特别是重要来宾应亲自上门邀请，并准确掌握来宾的情况。

三、出席庆典的礼仪

参加庆典时，不论是主办单位的人员还是其他单位的人员，均应注意自己临场之际的举止表现。其中主办单位人员的表现尤为重要。

在举行庆典仪式之前，主办单位应对本单位的全体员工进行必要的礼仪培训。对于本单位出席庆典的人员，还须规定好有关的注意事项，并要求大家在临场之时，务必严格遵守。在这一问题上，单位的负责人，尤其是出面迎送来宾和上主席台的人士，要能够做到"身先士卒"，绝不允许有任何例外发生。因为道理非常简单，在庆祝仪式上，真正令人瞩目的，还是主办单位方面的出席人员。假如这些人在庆典中精神风貌不佳，穿着打扮散漫，举止行为失当，很容易造成本单位形象的"反面宣传"。

按照仪式礼仪的规范，作为主办单位的商界人士在出席庆典时，应当严格注意的问题涉及以下内容：

（1）仪容要整洁。所有出席本单位庆典的人员，应意自己的仪容仪表。无论如何，届时都不允许本单位的人员蓬头垢面、胡子拉碴、浑身臭汗，有意无意地给本单位的形象"抹黑"。

（2）服饰要规范。有统一式样制服的单位，应要求以制服作为本单位人士的庆典着装。无制服的单位，应规定届时出席庆典的本单位人员必须穿着礼仪性服装。

（3）要遵守时间。遵守时间，是基本的商务礼仪之一。对本单位庆典的出席者而言，更不得小看这一问题。上到本单位的最高负责人，下到级别最低的员工，都不得迟到、无故缺席或中途退场。如果庆典的起止时间已有规定，则应当准时开始，准时结束。

（4）表情要庄重。在庆典举行期间，不允许嬉皮笑脸、嘻嘻哈哈，或是愁眉苦脸、一脸晦气、唉声叹气，否则会使来宾产生很不好的印象。在举行庆典的整个过程中，都要表情庄重、全神贯注、聚精会神。在起立或坐下时，把座椅弄得乱响，一边脱帽一边梳头，或是在此期间走动和找人交头接耳，都是危害本单位形象的极其严重的事件。

（5）态度要友好。这里所指的态度主要是对来宾态度要友好。遇到来宾，要主动热情地问好。对来宾提出的问题，都要立即予以友善的答复。不要围观来宾、指点来宾，或是对来宾持有敌意。不论来宾在台上台下说了什么话，主方人员都应当保持克制，不要吹口哨、"鼓倒掌"、敲打桌椅、胡乱起哄。不允许打断来宾的讲话，向其提出挑衅性质疑，与其进行大辩论，或是对其进行人身攻击。

（6）行为要自律。既然参加了本单位的庆典，主方人员就有义务以自己的实际行动，来确保它的顺利与成功。至少，大家也不应当因为自己的举止失当，而使来宾对庆典做出不好的评价。在出席庆典时，主方人员在举止行为方面应当注意的问题有：不要"想来就来，想走就走"，或是在庆典举行期间到处乱走、乱转，不要让人觉得主方人员心不在焉。

（7）发言要简短。倘若商务人员有幸在本单位的庆典中发言，则务必谨记以下几个重要问题：一是上下场时要沉着冷静。在开口讲话前，应平心静气。二是要讲究礼貌。在发言开始，勿忘说一句"大家好"或"各位好"。在提及感谢对象时，应目视对方。在表示感谢时，应郑重地欠身施礼。对于大家的鼓掌，则应以自己的掌声来回礼。在讲话最后，应当说一声"谢谢大家"。三是发言一定要在规定的时间内结束，而且宁短勿长，不要随意发挥，信口开河。四是应当少做手势。含义不明的手势，在发言时坚决不用。

外单位的人员在参加庆典时，同样有必要"既来之，则安之"，以自己最佳的临场表现，来表达对于主人的敬意与对庆典本身的重视。倘若在此时此刻表现欠佳，是对主人一大伤害。所以宁肯坚持不去，也绝不可去而失礼。

7.5 展览会礼仪

【引导案例】

2017大连春季房屋交易会

展会英文名：DALIAN REAL ESTATE FAIR
举办时间：2017/4/14—2017/4/17
举办展馆：大连世界博览广场 辽宁省大连市星海广场F区10号
所属行业：房产家居
展会城市：辽宁｜大连市
主办单位：大连房屋交易大会组委会
展会面积：43500平方米
所用展厅：A馆（一楼）、B馆（一楼）、C馆（一楼）、D馆（二楼）、E馆（二楼）、F馆
举办周期：一年三届
问题：
展会有哪些准备事项？

7.5.1 展览会仪式的概述

所谓展览会，又称展示会，对商界而言，主要是特指有关方面为了介绍本单位的业绩，展示本单位的成果，推销本单位的产品、技术或专利，而以集中陈列实物、模型，用文字、图表、影像等资料供人参观了解的一种宣传性仪式。展览会礼仪，即商界单位在参加或举办展览会时所应当遵循的规范与惯例的总称。

依据其目的划分，可分为宣传型展览和销售型展览。

依据其品种划分，可分为专题型展览和综合型展览。

依据其规模划分，可分为大型展览会、中型展览会和小型展览会。

依据其区域划分，可分为国际展和国内展。

其他分类有室内展和室外展、定期展、临时展、固定展览会和流动展览会。

7.5.2 展会仪式的准备

理解主题的明确；掌握参展单位的确定；掌握展览内容的宣传；掌握展区的规划布置；理解展区布局的基本要求；掌握做好安保及辅助工作。

7.5.3 展会仪式的基本礼仪

一、展区的形象

展区的形象主要由展品的外观、展品的质量、展位的布置、展品的陈列、发放的资料等构成。用以进行展览的展品，在外观上要力求完美无缺，在质量上要优中选秀，在陈列上要既整齐美观又讲究主次，在布置上要兼顾主题的突出与观众的注意力。用以在展览会上向观众直接散发的有关资料，则要印刷精美、图文并茂、资讯丰富，并且注有参展单位的主要联络方法，如客服部门与销售部门的电话、传真及电子邮箱等。

二、工作人员仪表注意事项

（1）在一般情况下，要求在展位上工作的人员应当统一着装、仪容整洁。最佳的选择，是身穿本单位的制服，或者是穿深色的西装、套裙。按照惯例，工作人员不应佩戴首饰，但男士应当剃须理发，女士则化淡妆。

（2）在大型的展览会上，参展单位若安排专人迎送宾客时，则最好请其身穿色彩鲜艳的单色旗袍，并胸披写有参展单位或其主打展品名称的大红色绶带。为了说明各自的身份，全体工作人员皆应在左胸佩戴标明本人单位、职务、姓名的胸卡，唯有礼仪小姐可以例外。

三、工作人员的礼仪

1. 仪态举止

展览一旦正式开始,全体参展单位的工作人员即应各就各位,站立迎客。不允许迟到、早退、无故脱岗、东游西逛;不得在展台上吸烟、吃东西、打电话、看报纸杂志、与同事聊天闲谈;更不允许在观众到来之时坐、卧不起,怠慢参观者,或以貌取人。当观众在本单位的展位上进行参观时,应热情打招呼,可随行其后,以备对方向自己进行咨询并耐心回答问题;也可以请其自便,不加干扰。如果观众较多,尤其是在接待组团而来的观众时,工作人员也可在左前方引导对方进行参观。若暂时没有参观者临台,应及时整理展台和宣传材料,保持展台的整洁,并时刻注意过往的参观者。

2. 语言礼仪

工作人员工要面含微笑,主动地向对方说:"您好!欢迎光临!"并面向对方,稍许欠身,伸出右手,掌心向上,指尖指向展台,引领对方:"请您参观。"当观众离去时,工作人员应当真诚地向对方欠身施礼,并道以"谢谢光临",或是"再见"。

3. 工作人员礼仪禁忌

在任何情况下,工作人员均不得对参观观众态度蛮横、恶语相加,或讥讽嘲弄。对于极个别不守展览会规则而乱摸乱动、乱拿展品的观众,仍须以礼相待,必要时可请保安人员协助,但不许对对方擅自动粗,进行打骂、扣留或者非法搜身。

【小阅读】

庆典礼仪是现代社会的重要社交方式,也是组织方对内营造和谐氛围、增加凝聚力;对外协调关系、扩大宣传、塑造形象的有效手段,庆典礼仪活动包括婚礼、开业、剪彩等。

在商界所举行的庆祝仪式大致可以分为四类:

(1) 本单位成立周年庆典。通常,它都是逢五、逢十进行的。即在本单位成立五周年、十周年以及它们的倍数时进行。

(2) 本单位荣获某项荣誉的庆典。当单位本身荣获了某项荣誉称号、单位的"拳头产品"在国内外重大展评中获奖之后,这类庆典基本上均会举行。

(3) 本单位取得重大业绩的庆典。例如千日无生产事故、生产某种产品的数量突破10万台、经销某种商品的销售额达到1亿元等,这些来之不易的成绩,往往都是要庆祝的。

(4) 本单位取得显著发展的庆典。当本单位建立集团、确定新的合作伙伴、兼并其他单位、分公司或连锁店不断发展时,自然都值得庆祝一番。

(资料来源:http://wenda.so.com/q/1464875260722948?src=140)